PRINCIPES

DE

PONCTUATION

FONDÉS SUR

LA NATURE DU LANGAGE ÉCRIT,

PAR A. FREY,

ANCIEN PROTE ET CORRECTEUR D'IMPRIMERIE.

OUVRAGE ENTIÈREMENT NEUF,

PRINCIPALEMENT UTILE

AUX HOMMES DE LETTRES, AUX PROFESSEURS DE LANGUES,
ET AUX TYPOGRAPHES.

DE L'IMPRIMERIE DE PLASSAN,
RUE DE VAUGIRARD, N° 15.

A PARIS,

Chez TOURNEUX, Libraire, quai des Augustins, n° 15,
PONTHIEU, Libraire, Palais-Royal,
Et chez l'Auteur, rue de Vaugirard, n° 11.

1824.

Principes de Ponctuation fondés sur la nature
du langage écrit, par A. Frey (1).

EXTRAIT DU RAPPORT

FAIT D'APRÈS L'INVITATION DE

S. E. LE GRAND-MAITRE DE L'UNIVERSITÉ DE FRANCE,

PAR M. TAILLEFER,

INSPECTEUR DE L'ACADÉMIE DE PARIS,

MEMBRE DE LA LÉGION-D'HONNEUR.

Pour peu qu'on se soit occupé de grammaire, on
aura pu facilement reconnaître combien ont toujours
été imparfaites et peu satisfaisantes les notions qu'on
peut recueillir sur la ponctuation dans les nombreux
et volumineux ouvrages écrits dans cette partie, et
que chaque année voit éclore en si grande abondance depuis plus d'un demi-siècle.

C'est que la matière, il faut en convenir, présente
bien des difficultés. *Elle contient,* a dit l'abbé Sicard,
toute la science de la grammaire. J'ajouterai qu'elle
demande quelque chose de plus encore que la connaissance la plus approfondie du mécanisme du langage :
les hommes les plus consommés dans l'art d'écrire,

(1) Volume in-12 de 148 pages justification in-8° ; prix 2 fr.

A PARIS,

Chez l'Auteur, rue de Vaugirard, n° 11;
  Tourneux, quai des Augustins, n° 13;
  Ponthieu, Palais-Royal, galerie de bois;
  Delaunay, même adresse;
  Deschamps, rue Saint-Jacques, n° 160;
  Audin, quai des Augustins;
  Pélicier, place du Palais-Royal, près du café de la Ré-
  gence;
  Rousselon, rue d'Anjou-Dauphine, n° 9;
  Martinet, rue du Coq Saint-Honoré.

t avouent leur embarras à trouver des règles
es de ponctuation qui ne laissent rien à désirer.
t pourtant ce qu'a entrepris l'auteur de ces
aux *Principes.*

. . . .

rreur de la plupart des grammairiens a été de
qu'ils pourraient établir les règles de la *ponc-
m,* en ne les considérant que relativement aux
és qu'elles pourraient donner pour indiquer d'u-
anière précise la nature des *pauses* qu'on doit
e en lisant ou en parlant, et la durée de ces
es. D'un autre côté, quelques-uns, et surtout
ces derniers temps, ont, par une recherche
sée trop loin, tellement multiplié l'emploi des si-
de division dans les phrases, qu'ils dénaturent
rapports des idées, et présentent un style rompu
échiqueté qui déplaît autant à l'œil qu'il est con-
re à l'ordre et au juste enchaînement des pensées.
C'est contre ce double inconvénient que le travail
M. Frey est dirigé.

La portée plus ou moins étendue des poumons
'est point du tout, à ses yeux, la mesure de l'emploi qu'on doit faire des signes de la ponctuation; assez d'autres moyens restent à l'écrivain ou à l'orateur
exercé pour marquer les repos nécessaires.

C'est sur le mécanisme du langage, sur les rapports des idées entre elles, sur la nature du style,
sur les délicatesses et les finesses de l'art d'écrire,
sur ces arrangements ingénieux des mots qu'amènent
et la finesse de la pensée et la vivacité du sentiment,
c'est enfin essentiellement sur la partie logique des
LANGAGES HUMAINS, qu'il établit les règles de la ponctuation.

Exercé à l'école de.Du Marsais, il soumet chaque phrase à l'analyse la plus exacte; c'est toujours d'après elle qu'il détermine les divisions des membres qui les composent, en faisant un juste emploi des signes. Il s'est confirmé dans ses théories par une pratique constante, et par une suite d'observations très-fines et très-délicates, qu'il a pu multiplier dans l'exercice de sa profession; et *il me paraît difficile qu'on puisse porter plus loin ce sentiment exquis des beautés du langage, et cet esprit d'analyse et de logique, qui doivent diriger dans ces sortes de travaux.*

Mais quelle qu'ait été l'attention avec laquelle il s'est attaché à poursuivre jusque dans leurs derniers détours les diverses dispositions des mots, et à saisir toutes les nuances que peut affecter l'expression de la pensée, il m'a paru qu'en voulant restreindre l'emploi de la virgule, trop prodiguée peut-être par d'autres grammairiens, il va *quelquefois* au-delà du but, par trop d'ardeur à l'atteindre : dans plusieurs cas où il supprime la virgule, elle me paraît devoir être employée.

Ses indications sur les cas où il faut substituer tantôt le signe (,) au signe (;), et tantôt le signe (,) au signe (;), me paraissent en général aussi exactes qu'ingénieuses; mais souvent les motifs qui doivent déterminer à adopter l'un plutôt que l'autre ne diffèrent entre eux que par des nuances bien imperceptibles, et il devient bien difficile qu'il ne laisse pas quelque chose à l'arbitraire dans l'emploi de ces signes.

Je crois qu'on approuvera la division générale qu'il a établie, 1° *en signes de division proprement dits,* 2° *modificatifs,* 3° *auxiliaires :* elle me paraît fondée sur une saine logique, et doit faciliter l'étude de tous ces signes.

L'introduction qu'il propose du mot INTERJECTIF pour désigner le GENRE des signes *admiratif* et *exclamatif*, est appuyée sur des raisons très-plausibles.

Une quantité d'exemples de toute espèce appuient sans cesse la discussion et l'éclaircissent, et ils sont *en général* aussi intéressans que bien choisis.

J'oserai donc dire que *jusqu'ici on n'avait point encore traité avec autant de profondeur, avec autant d'étendue, d'exactitude et de goût*, cette partie si importante de la grammaire, et je pense que *cet opuscule ne peut manquer d'être de la plus grande utilité à quiconque voudra se perfectionner* DANS L'ART D'ÉCRIRE.

. . . .

Fait à Paris, ce 27 juin 1824.   *Signé* L. G. TAILLEFER.

Plusieurs journaux des départements, ainsi que ceux de Paris ci-après désignés, viennent d'annoncer cet ouvrage avec plus ou moins d'éloges :

Constitutionnel du 4 juillet,
Corsaire du 27 mai,
Courrier du 13 mai,
Diable boiteux du 21 mai,
Feuille d'annonces générales du Constitutionnel du 14 mai,
Journal des Débats du 16 juin,

Journal de Paris du 1er juin,
Moniteur du 8 juillet,
Pandore du 15 mai,
Panorama, 2e livraison,
Quotidienne du 16 juin,
Revue Encyclopédique, cahier de mai.

Divers savants ont témoigné leur satisfaction à l'auteur sur ses *Principes*; M. Pougens en a « rendu le » compte le plus favorable à plusieurs savants de l'Eu- » rope avec qui il est en correspondance, ainsi qu'aux » académies dont il est membre, et à quelques souve- » rains auxquels il adresse mensuellement des rap- » ports littéraires. »

De l'imprimerie de PLASSAN, rue de Vaugirard, n° 15, derrière l'Odéon.

INTRODUCTION.

L'arbitraire me semble ne régner nulle part aussi souverainement que dans la ponctuation; et cependant, puisque le langage écrit s'est vu appliquer des principes invariables à mesure qu'il s'est perfectionné, il paraît incontestable que l'accessoire de ce langage, la division du sens, est non moins susceptible de recevoir des principes fixes déduits de son usage. A la vérité, le sens existe dans le discours indépendamment des signes de division, mais la facilité de sa perception immédiate est leur résultat; ces signes sont exactement à la perception du sens ce que l'espace ou blanc qui sépare les mots est à la distinction subite des mots entre eux.

J'ai d'autant moins hésité à publier mes idées sur la division du discours écrit, que ce que M. le comte Daru dit dans sa lumineuse *Dissertation sur les Participes* au sujet des principes de la grammaire est tout-à-fait applicable aux principes de la ponctuation : « Ce ne sont pas les grammairiens qui président à la » création des langues; ils n'arrivent qu'après les écri- » vains : *ils observent les faits, les classent, et tâchent* » *de les ramener à des principes généraux.* » Aussi est-ce le but que je me suis efforcé d'atteindre dans cet opuscule, car je n'y offre aucune règle dont le calque n'ait été pris sur un bon modèle, tel, entre autres, la citation que je viens de copier avec sa propre ponctuation.

Mais pour me faire comprendre il m'a fallu juger pour ainsi dire les meilleurs grammairiens, et ce n'est pas sans crainte ni même sans regret que je fais l'aveu forcé que Du Marsais, à mon avis le meilleur logicien et le grammairien le plus lucide, à qui seul je suis redevable des connaissances logiques que j'ai dû acquérir pour la rédaction de cet ouvrage; ce n'est pas sans la crainte de paraître téméraire, dis-je, que j'ose avancer que Du Marsais se trompe lorsque dans l'nalyse de cette proposition logique, « *le Dieu* que nous adorons *est* » *tout-puissant,* » il appelle proposition INCIDENTE (*que*

nous adorons) une proposition grammaticale *déter-
minative*, qui est précisément l'opposé, et que je
ne puis considérer que comme un adjectif LOGIQUE.
C'est par ce mot qualificatif qu'il m'a fallu aussi désigner tous les assemblages de mots qui suppléent
un nom, un adjectif, ou un adverbe, *qui manque
dans la langue*. (Voyez DU MARSAIS, *Principes de
grammaire*, etc.) Du Marsais m'indiquait cette marche, car de même qu'il s'est vu obligé de distinguer
entre une proposition grammaticale et une proposition
logique, ainsi j'ai pu et dû distinguer entre un nom
grammatical et un nom logique, entre un adjectif ou
un adverbe grammatical et son équivalent logique, etc.

Un des reproches les plus graves que me paraissent
mériter les traités de ponctuation publiés jusqu'à ce
jour est d'avoir assigné à la ponctuation des rôles si
incohérents qu'ils s'entre-détruisent; pour s'en convaincre il suffit de lire avec quelque attention la défi-
nition qu'en ont donnée l'abbé Girard et Beauzée (1),
que je cite de préférence parce qu'elle a servi de type
à toutes les autres (2), et qu'elle est encore la plus
claire malgré la contradiction qu'elle renferme. Comment des signes de ponctuation pourraient-ils en même temps satisfaire et l'asthmatique et l'homme qui
a de vigoureux poumons! en admettant cette absur-
dité comment ces signes contribueraient-ils simultanément à l'intelligence du sens (3)! au surplus, quel

(1) « Il est vrai, par rapport à la pureté du langage, à la netteté
» de la phrase, à la beauté de l'expression, à la délicatesse et à la
» solidité des pensées, la ponctuation n'est que d'un mince mérite;
» mais la ponctuation soulage et conduit le lecteur : elle lui indique
» les endroits où il faut se reposer *pour prendre sa respiration*, et
» *combien de temps il y doit mettre;* elle contribue à l'honneur de
» l'intelligence, en dirigeant la lecture *de manière que le stupide
» paraisse comme l'homme d'esprit comprendre* ce qu'il lit ; elle
» tient en règle l'attention de ceux qui écoutent, et leur fixe les
» bornes du sens; elle remédie aux obscurités qui viennent du style.»
(L'abbé GIRARD, *Vrais Principes*, t. II, disc. XVI, p. 435,
et BEAUZÉE, *Grammaire générale*, t. II, p. 571.)

(2) Cependant M. Biagioli, célèbre grammairien italien, dit dans
sa *Grammaire italienne*, Paris, 1808, 2ᵉ édit., que « les signes de
» la ponctuation ne sont autre chose que des signes de *division*. »

(3) « C'est mal à propos que quelques grammairiens prétendent

besoin d'indications de repos ; de respiration, éprou-
vent des lecteurs qui ne lisent que des yeux! et la plupart des livres ne sont-ils pas lus sans la participation
de l'organe vocal ? Je signale ces erreurs parce qu'elles sont la principale cause de l'arbitraire dans la ponctuation, et surtout parce qu'elles ont fait naître cette
monstrueuse ponctuation *forte* (1), si contraire à la
liaison matérielle du sens total d'une période.

Je pense qu'après avoir lu cet opuscule le lecteur
judicieux sera d'accord avec moi que *le style seul dé-*

» que la virgule sert à marquer les parties du discours où le lecteur.
» doit prendre haleine; le lecteur intelligent n'attend point la ren-
» contre d'une virgule pour procurer du repos à ses poumons : il
» sait que son but est de jeter le plus grand jour sur le sens total
» d'une période, et pour le remplir il en fait sentir les sens partiels
» par une articulation exacte; les repos sont fréquents , il varie les
» sons, on se plaît à l'entendre; tandis que l'écolier injudicieux, ob-
» servateur exact du repos des virgules, et ne donnant point d'autre
» relâche à l'action de ses poumons, imite le bruit monotone et pré-
» cipité du claquet d'un moulin , et fatigue ses auditeurs sans les
» convaincre. » C'est le sentiment d'un grammairien moderne, rapporté sans nom dans le *Nouveau Traité de Ponctuation.*

(1) J'en vais donner une preuve frappante. Le premier alinéa de
l'histoire naturelle du cheval porte, indépendamment du point final, savoir, dans

	Signes.	Points interméd.
l'édition in-12, imp. roy., 1769............	32	»
l'édition de 1814, 11 vol, in-8°.............	32, dont 1	
la 1re édition des *Morceaux choisis de Buffon*..	33	»
la 2e des *Leçons de Littérature et de Morale*..	34	2
la 3e des *Morceaux choisis*.................	35	»
la 3e des *Leçons de Littérature*.............	37	1
le *Cours de Littérature française*, 4 v. in-8°..	37	2
l'édition de Saugrain, 76 v. in-18...........	38	1
le traité de ponctuation d'où j'ai tiré ce tableau.	39	3

tandis que dans l'édition originale in-4°, imprimée *sous les yeux
mêmes de Buffon*, cet alinéa, que j'ai vérifié avec le plus grand soin,
ne porte que *trente* signes, y compris le seul point final.

Cette amplification est l'œuvre de la ponctuation *forte;* d'un style
périodique elle fait pour ainsi dire un style coupé. Buffon n'a fait
usage que des signes *nécessaires;* en n'employant que le point final
il a maintenu la corrélation des sens partiels de sa période : de même que son vaste génie embrassait des masses sans perdre de vue
leurs moindres détails, ainsi il a voulu que sa ponctuation, d'accord
avec son style, offrît distinctement ces masses sans que leurs parties fussent trop disjointes.

termine l'application des signes de division (1); que
la ponctuation opère dans le discours une analyse plutôt logique que grammaticale; qu'ainsi elle aide à l'intelligence du sens et la rend plus rapide, parce qu'en
divisant matériellement les membres principaux d'u-
ne période, elle donne au lecteur la facilité de les em-
brasser tous et en même temps de distinguer chacun
d'eux d'un seul coup-d'œil; qu'elle ne remédie aux
obscurités qui viennent du style qu'en décelant souvent un vice de construction; qu'excepté le signe suspensif aucun ne marque spécialement un repos, mais
que tous les autres le provoquent subsidiairement d'u-
ne manière vague, soit dans la lecture muette, soit
dans la lecture articulée; et qu'enfin les changements
d'intonation, les inflexions si variées de l'organe vocal, des repos gradués et déterminés par le sens, même parfois les mouvements de la physionomie et les
gestes, sont au langage parlé ce que la division du sens
est au langage écrit.

   Je préviens que conformément à la méthode de Du
Marsais j'appelle *propositions* toutes celles dont le
verbe est exprimé par le mode indicatif ou affirmatif,
énonciations toutes celles dont le verbe est à un autre
mode, et *phrase* toute proposition ou énonciation *incidente.*

   On trouvera au fur et à mesure dans ce petit traité

   (1) Montaigne indique ce rapport de la ponctuation avec le style
ou avec la forme particulière de l'expression de la pensée dans l'a-
vis suivant, qu'il adressa à son imprimeur au sujet de l'impression
de ses *Essais :* « Outre les corrections qui sont en cet examplere il
» y a infinies autres à faire de quoi limprimur se pourra aviser, mais
» regarder de pres aus poincts qui sont en ce stile de grande impor-
» tance.... Qu'il voie en plusieurs lieus ou il y a des parentheses s'il
» ne suffira de distinguer le sens avec des poincts... C'est un langage
» coupé, qu'il n'y espargne les poincts et lettres maiuscules. Moi-
» mesme ai failli souvant à les oster et à mettre des comma ou il
» falloit un poincet. » Qu'on observe bien que Montaigne demandait
à son imprimeur qu'il ponctuât seulement selon le besoin, c'est-à-
dire qu'il atteignît mais ne dépassât pas le *nécessaire.*

   Ses *Essais* sont un exemple remarquable du style *coupé;* Buffon
au contraire offre presque partout le style périodique : des quinze
premiers alinéas de son histoire naturelle du cheval onze n'ont que
le point final dans son édition originale in-4°.

les motifs qui m'ont déterminé à le diviser selon le
contenu de sa table, que voici.

Je n'ai pas l'absurde prétention d'avoir posé les li-
mites de la ponctuation : telle personne peut désirer
un plus grand nombre de signes ou de plus forts que
telle autre, eu égard à l'axiome que *tout ce qui est
reçu est reçu suivant la disposition et l'état de ce
qui reçoit;* mais si je n'ai pu me défendre moi-même
des extrêmes il était naturel que je fusse plutôt avare
que prodigue de signes.

Les deux tiers environ de cet ouvrage sont consa-
crés aux exemples; quelques-uns figurent sans men-
tion de source, et peut-être sont rapportés inexacte-
ment, faute d'en avoir tenu note en temps opportun.
Je renvoie à l'axiome que je viens de rappeler, les personnes qui penseraient que j'ai admis un trop grand
nombre de citations.

Que j'obtienne le suffrage des juges compétents en
cette matière, cette preuve de l'utilité de mon travail
sera la plus belle récompense que j'ambitionne; j'ai
du moins la certitude d'avoir offert le complément
indispensable de tous les traités de ponctuation publiés jusqu'à présent, parce qu'ils ont tous omis des

(1) D'abord on n'eut pour tout signe que le point, nommé *période* ou *distinction parfaite*, mais placé au milieu de la hauteur
de la lettre (·) il tenait lieu de virgule, et placé au haut (*) il avait
la valeur du deux-points; plus tard on forma de son type le deux-
points ou *colon*, et la virgule ou *incise*, et postérieurement le point-
virgule ou *semi-colon*.
(Extrait de la *Méthode latine* de Port-Royal.)

càs nombreux d'applications, que ma profession m'a mis à même de recueillir : voyez à cet égard le chapitre II, et particulièrement le chapitre III.

Je termine cette introduction par l'avis qu'adressa le savant espagnol Feijoo à ses contemporains dans la préface du tome II de son *Théâtre critique espagnol :* « On doit examiner mes raisons, et non mon mérite;... » ceux qui ne seront pas capables de les peser feront » très-bien de compter les suffrages et d'adopter les opi- » nions qui auront un plus grand nombre de partisans. »

Voici la liste et l'explication des abréviations.

Ag.... le roi Agésilas.	J...... M. de Jouy.
Acs... madame d'Aguesseau.	L..... La Motte.
B..... Buffon, éd. in-8° de Rapet, en 25 v.	L16... Louis XVI.
	L18... S. M. Louis XVIII.
Bc. ... le chancelier Bacon.	Lb. ... le poète Lebrun.
Bl. ... Boileau.	Lc. ... Lucrèce.
Bq. ... Berquin.	LF.(1). La Fontaine.
Bt. ... Et. de la Boëtie.	Lm.... Lemierre.
C..... le grand Condé.	Ls. ... Lesage.
Cb. ... le vte. de Châteaubriand.	Lt. ... Lactance.
Cc. ... Cicéron, trad. de J. B. Levée.	Lv. ... J. B. Levée.
	MA. ... la reine Marie - Antoinette.
Cf. ... Confucius.	
Cn. ... Corneille.	Mh.... Malherbe.
Cm.... Carmontelle, *Proverbes.*	Ml.... Malesherbes.
Cr. ... Crébillon.	Mm.... Marmontel, *Pharsale.*
Cs..... César.	Mtg... Montaigne.
Ct. ... Caton l'Ancien.	Mtn... madame de Maintenon.
Ctn... Catinat.	Mtq... Montesquieu.
Dc. ... Duclos.	O:.... Orateurs chrétiens.
Dd.... Diderot.	R..... Racine, *Athalie, Phèdre.*
Dh.... madame Deshoulières.	Rb. ...:Rabelais.
Dl. ... Delille.	RG.... J. J. Rousseau.
Dm.... Du Marsais.	RL.... Louis Racine.
Ds. ... Ducis.	RP.... J. B. Rousseau.
Dz. ... le comte Decazes.	Sc..... mademoiselle Scudéri.
....e... brochure intitulée, *de M. de Villèle*, 1822.	Sh. ... Shakespeare , *Pensées* , trad. de M. Taillandier.
F., Fr. l'auteur de ce traité.	Sl..... Mme de Staël.
Fj. ... Feijoo, inquisr, *Théâtre critiq. esp.*, 1746.	SL. ... Saint-Louis.
	Sn. ... Sénèque.
Fn.... Fénélon.	Vt. ... Voltaire.
Gf.... mistriss Griffith.	Vv:... Vauvenargues.
H4.... Henri IV ou le Grand.	Y..... Yung.

(1) V, 1, etc., indiquent le numéro du livre et celui de la fable partout où les initiales LF. sont négligées.

☞ *Voyez* l'errata à la page 140.

PRINCIPES
DE PONCTUATION.

Tous les signes de ponctuation me paraissent naturellement divisés ainsi : 1° signes de division *proprement dits,* savoir, la virgule, le point-virgule, le deux-points, et le point; 2° signes *modificatifs,* composés du signe interjectif et du signe interrogatif; 3° signes *auxiliaires* de division, renfermant le signe suspensif, les parenthèses et les crochets, le tiret ou moins (—), la variation et gradation des caractères, le guillemet, et l'alinéa.

CHAPITRE PREMIER.

DES SIGNES DE DIVISION PROPREMENT DITS.

SECTION PREMIÈRE.

De la Virgule.

L'on ne saurait disconvenir que ces propositions,

La terre est ronde,
La terre tourne,
Le soleil est levé,
La lune décroît,
Les astres sont lumineux,

ne soient indivisibles, parce que leur sens est aussi

1.

simple que leur énonciation; je veux dire qu'un seul
nom exprime chaque sujet, qu'un verbe seul ou suivi d'un adjectif exprime chaque attribut, et que le
sujet précède l'attribut. Mais, comme l'a dit Du Marsais dans ses *Principes de Grammaire,* « Il n'y a point
» de langue qui ait un assez grand nombre de mots
» pour suffire à exprimer par un mot particulier cha-
» que idée ou pensée qui peut nous venir dans l'es-
» prit, » et conséquemment il faut que nous ayons
souvent recours à un assemblage plus ou moins considérable de mots pour exprimer le sujet ou l'attribut, ou pour déterminer (1) l'un et l'autre : ainsi dans
cette proposition,

Travailler utilement est un devoir,

c'est un infinitif et un adverbe qui remplacent un
nom pour exprimer le sujet; dans cette autre,

Le trident *de Neptune* est le sceptre *du monde.* **Lм.**

on est forcé d'employer la préposition *de* et le nom
Neptune pour modifier le sujet *trident,* et de joindre
du monde à *sceptre* pour préciser l'attribut; et dans,

Malesherbes commença *par de grandes actions* sa vie,

par de grandes actions sert d'adverbe à *commença.*

Quand on dit,

L'homme abuse,

l'on énonce un sens qui n'est vrai qu'à quelques
égards, parce que tout homme n'abuse pas; l'on
reprend,

L'homme *puissant* abuse:

l'adjectif *puissant* me satisfait déjà partiellement, en

---

(1) C'est-à-dire restreindre un mot à sa signification individuelle
ou particulière, de telle façon que le modifié et le modifiant réunis
présentent à l'esprit une idée inséparable et semblable à celle qu'offrirait un seul mot.

ce qu'il détermine *homme,* c'est-à-dire qu'il me fait comprendre que ce n'est pas d'un autre homme que de celui qui est *puissant* qu'on veut parler, et de là *homme* et *puissant* sont aussi inséparables dans mon esprit que si un seul nom exprimait l'idée contenue dans ces deux mots; cependant je ne reconnais pas que tout *homme puissant abuse :* on ajoute, ·

L'homme puissant *et ambitieux* abuse,

alors je suis d'accord sur le sujet, que deux adjectifs joints par une conjonction ont modifié, sans pourtant que la totalité des mots qui l'énoncent en le modifiant excite dans mon esprit une autre idée que celle qu'y produirait un seul nom renfermant exclusivement le même sens.

Il ne reste plus qu'à me satisfaire sur l'attribut, *abuse,* car malgré que je sache que l'homme puissant et ambitieux abuse plus particulièrement de sa puissance, il en peut abuser différemment, et mon esprit n'est pas non plus fixé à cet égard; on dit,

L'homme puissant et ambitieux abuse *de son influence sur la multitude :*

cette addition nouvelle de cinq mots précise le verbe, à la vérité, mais incomplètement, parce que l'abus dont il s'agit n'a pas lieu sans exception; on dit enfin,

L'homme. puissant et-ambitieux abuse *souvent* de son influence sur la multitude,

et cet adverbe *souvent* achève de spécialiser l'attribut et de fixer le sens total.

L'homme puissant et ambitieux, sujet déterminé, et *abuse souvent de son influence sur la multitude,* attribut aussi déterminé, offrent un sens complet aussi intime que celui d'une proposition exprimée par le concours d'un seul nom, d'un seul verbe, et d'un seul adjectif; conséquemment ce sens est indivisible, et la virgule y serait aussi superflue qu'elle serait inutile dans les propositions ou énonciations suivantes :

Nos plus sûrs protecteurs sont nos talents. **Vt.**

La vérité est le soleil des intelligences. **Vv.**

La superstition porte tout à l'excès. **B.**

Le bonheur de l'homme consiste dans l'unité de son intérieur. **B.**

La recherche de la verité appartient à l'homme en propre. **Cc.**

Ne jugeons jamais des hommes que par les faits. **Vt.**

Rien n'est plus adroit qu'une conduite irréprochable. **Mtn.**

L'entrée d'une maison de jeu est une des portes de la Grève. **J.**

Un repentir sincère est un baume sur la conscience blessée. **Gp.**

L'immobilité de la pensée n'est autre chose que l'oisiveté du raisonnement. **Fj.**

Le style doit graver des pensées. **B.**

« L'on n'a recours à plusieurs mots pour énoncer » un sens total, dit encore Du Marsais (ouvrage cité), » que parce qu'on ne trouve pas dans la langue un » nom substantif destiné à l'exprimer; ainsi LES MOTS » QUI ÉNONCENT CE SENS TOTAL SUPPLÉENT A UN NOM » QUI MANQUE. Par exemple,

» Aimer à obliger et à faire du bien est une qualité » qui marque une grande âme :

» *aimer à obliger et à faire du bien,* voilà le sujet de » la proposition. M. l'abbé de Saint-Pierre a mis en » usage le mot de *bienfaisance,* qui exprime le sens » d'*aimer à obliger et à faire du bien :* ainsi au lieu » de ces mots nous pouvons dire,

» La bienfaisance est une qualité qui marque une » grande âme.

» Si nous n'avions pas le mot de nourrice nous dirions,

» Une femme qui donne à téter à un enfant et qui
» prend soin de la première enfance, etc. »

On voit par ce passage que souvent il faut recourir non-seulement à des adjoints, mais même à des
énonciations ou propositions grammaticales, pour
modifier le sujet d'une proposition logique; et il est
essentiel de remarquer que dans ces cas les mots qui
énoncent le sujet total suppléent à un nom qui manque dans la langue, car de ce principe incontestable
de grammaire je déduis le premier principe, non
moins incontestable, de la division du sens : en effet
si l'on ne peut diviser par la virgule la proposition
simple dont le sujet est exprimé par un nom, c'est
une conséquence inévitable que la proposition dont
le sujet est exprimé par un assemblage de mots sera
tout aussi indivisible sans être moins claire; il en sera donc ainsi dans toutes les propositions logiques
ci-après, qui contiennent toutes une proposition
grammaticale qui détermine le sujet:

Toute épithète *qui n'ajoûte rien au sens* est pué-
rile. **Vt.**

Ce qui est utile au plus grand nombre peut-il être
appelé droit? **Cc.**

Qui ne hait point assez le vice
N'aime point assez la vertu. **RP.**

Celui qui le premier appela Dieu notre père en sa-
vait plus sur le cœur humain que les profonds pen-
seurs du siècle. **Sl.**

Ce jour où César courut le plus affreux danger suffirait seul pour perpétuer sa mémoire dans tous les
âges. **Mm.**

L'arc qu'on tient trop tendu se brise de lui-même. **Lm.**

Le maître qui prit soin de former ma jeunesse
Ne m'a jamais appris à faire une bassesse. **Cn.**

Le sens ne sera pas plus divisible quand c'est l'attribut qui est déterminé par une proposition grammaticale:

> L'homme le plus heureux est celui *qui croit l'être.*
> FR.

Méprisons l'homme orgueilleux qui a honte de ver-
ser des larmes. Y.

L'envie est un hommage maladroit que l'infériorité
rend au mérite. L.

Les plus grands ministres ont été ceux que la fortune avait placés plus loin du ministère. Vv.

Enfin le sens sera encore indivisible quoique le sujet
et l'attribut d'une même proposition logique soient
déterminés chacun par une proposition grammaticale:

> Celui *qui cherche la gloire par la vertu* ne demande
> que ce *qu'il mérite.* Vv.

Les gens qui savent le mieux jouir de la vie sont
ceux qui cultivent à la fois les arts et l'amitié. J.

Les hommes qui réfléchissent le moins sont ordinai-
rement ceux qui ont le plus le talent de l'imitation. B.

On doit encore ranger parmi ces derniers exemples
les propositions ainsi exprimées:

> La plus noble comme la plus piquante coiffure de
> nos belles ne demande qu'une simple aigrette placée
> dans de beaux cheveux. B.

Mais lorsque ces propositions grammaticales présentent avec le verbe ou l'attribut de la proposition
logique une répétition plus ou moins rapprochée,
comme dans cette citation,

> Ce qui est dit est dit,

on coupe abusivement la répétition par la virgule,
car cette application superflue d'un signe de division

ne provient que de la disposition naturelle à laquelle on est porté d'observer dans le langage articulé une pause afin d'adoucir pour l'oreille ce que cette répétition a de choquant : l'on a vu dans l'introduction que la division du sens ne peut s'adresser qu'aux yeux; la proposition rapportée offre la même construction et la même unité de sens que cette autre, ,

Celui qui a un grand sens sait beaucoup. Vv.

dans laquelle à coup sûr il ne faut pas de virgule : donc il n'en faut pas non plus dans la première ni dans les suivantes :

Il est impossible que celui à qui la vertu plaît plaise au peuple. Sn.

Ceux qui sont bons sont de ma religion. H4.

L'homme qui ne se forme pas tout de suite ne se formera jamais. Cc.

Un homme qui vend son honneur le rend toujours plus qu'il ne vaut. Dc.

Je crois avoir fait sentir assez clairement les raisons pour lesquelles on ne doit pas diviser les propositions logiques dont le sujet ou l'attribut est exprimé ou modifié par une proposition grammaticale; je vais exposer les motifs qui s'opposent également à la division des propositions dans lesquelles des assemblages de mots substitués à un adjectif ou à un adverbe manquant déterminent un nom ou un verbe.

Dans,

Ce pauvre laboureur *par le sort corrigé*
A fait dire au poète...   ....

l'assemblage des mots en italique offre d'après l'analyse grammaticale une préposition *(par)*, un substantif *(le sort)*, et un adjectif *(corrigé)*, trois mots que l'on prend pour une phrase incidente et qu'en conséquence on isole par la virgule, tandis qu'ils jouent réellement le rôle unique d'adjectif logique

en déterminant expressément *laboureur;* il faut donc
laisser *par le sort corrigé* en contact avec les mots
contigus dans la proposition, aussi-bien que les adjectifs logiques dans ces exemples:

La multitude des chanteurs *en Italie* sert à y entre-
tenir le goût du chant. ....

La montagne *dont tu bats les flancs* s'écroule avec
un profond murmure. Mᴍ.

Nos erreurs et nos divisions *dans la morale* viennent
quelquefois de ce que nous considérons les hommes
comme s'ils pouvaient être tout-à-fait vicieux ou tout-
à-fait bons. Vᴠ.

L'on ne saurait se dispenser de ranger dans la catégorie des adjectifs logiques tous les participes avec
ou sans complément, qu'ils désignent une action in-
stantanée ou un état subordonné à une action, parce
que le sens des énonciations formées par les participes est constamment partiel et subordonné au sens
total des propositions; je veux dire que les participes
déterminent toujours un nom et qu'ils ne peuvent
jamais remplacer le verbe qui lie l'attribut au sujet
dans une proposition ou énonciation logique, comme
on peut s'en convaincre par les citations suivantes,
qu'il faut conséquemment écrire sans virgule:

C'est un grand spectacle de considérer les hommes
méditant en secret de s'entrenuire. Vᴠ.

Un chien *mourant de faim* lui dit... VIII, 17.

Une huître *bâillant au soleil*
Humait l'air.   **VIII, 3.**

Un homme n'*ayant* plus ni crédit ni ressource
Et *logeant* le diable en sa bourse
S'imagina qu'il ferait bien
De se pendre et finir lui-même sa misère. IX, 16.

Un gouvernement *flattant la soldatesque* et *s'entou-*
rant du militaire donne un signe certain de ruine et de
tyrannie. Cʙ.

Les assemblages de mots dont le sens logique est adverbial sont aussi soumis au principe de ponctuation déjà établi. En effet, si l'on ne conteste pas qu'il faut écrire sans virgule ces propositions,

Le mérite de la vertu réside *essentiellement* dans l'action. ...

La liberté sans frein est *toujours* mariée avec le malheur. Sᴇ.

Aucun fiel n'a *jamais* empoisonné ma plume. Cᴇ.

ne serait-ce pas par une contradiction évidente qu'on voudrait appliquer la virgule dans ces autres propositions:

Le repentir porte *avec lui* une certaine douceur. Sᴇ.

Il faut contracter *par l'exercice* l'habitude du raisonnement. Cc.

Les plaisirs d'un homme de bien doivent briller *pour ainsi dire* d'un rayon de vertu. Cc.

Quelques-uns gardent *entre parler et se taire* un milieu artificieux qui est très-utile pour se faire révérer du vulgaire. Fɪ.

..... Il s'agit *en cette fable*
D'une femme qui dans les flots
Avait fini ses jours par un sort déplorable. III, 16.

Qu'on m'aille soutenir *après un tel récit*
Que les bêtes n'ont pas d'esprit ! X, 1.

Il était *quand je l'eus* de grosseur raisonnable. VII, 10.

J'aurai *le revendant* de l'argent bel et bon. VII, 10.

Ceux qui ont été chargés de tirer là ligne délicate de l'abstinence pieuse l'ont admis (1) *comme par faveur* parmi les mets de la mortificatiob. B.

L'adverbe logique éprouve dans la construction usuelle le même déplacement que l'adverbe grammatical, c'est-à-dire qu'il ne suit pas toujours immédiatement le verbe comme dans la construction na-

_____

(1) Le vanneau, « oiseau dont la chair est succulente. » B.

turelle, qu'offrent les exemples que je viens de rapporter; ainsi l'on écrit,

> *Jamais* l'imitation n'*a* rien créé. **B.**
>
> *Là* cette femme *emplit* sa bourse. **VII, 15.**

sans que le déplacement de l'adverbe grammatical opère la plus légère division dans le sens total, ni par conséquent qu'il nécessite l'application d'aucun signe de division, pas plus que le déplacement de l'adverbe logique dans ces passages:

> Je dirai comment l'art *dans de frais paysages*
> Dirige l'eau.   **Dl.**

L'aurore *du haut du mont Cassius* regarde l'Égypte et y répand le jour. **Mm.**

Toutes les fois qu'on prononce le mot d'union il y a des gens qui sont tentés de s'irriter. ....

> *Parmi les animaux* le chien se *pique d'être*
> Soigneux et fidèle à son maître. **VIII, 25.**

Dans toutes les différentes espèces d'animaux je n'en ai vu aucun d'aussi sérieux que l'âne. **Mtg.**

En matière de crédit la justice *est* synonyme de l'habileté. **Sl.**

En tout pays les bons cœurs et les bons esprits *sont enchaînés* par ceux qui ne sont ni l'un ni l'autre. **Vt.**

Dans tous les arts un entendement comme 4 avec une mémoire comme 4 *fera* beaucoup plus de progrès qu'une mémoire comme 6 avec un entendement comme 2. **Fj.**

C'est alors qu'*à travers des rochers escarpés et de profonds abîmes* tes chutes rapides *font écumer et bondir* les flots mugissants. **Mm.**

Pour toute consolation dans nos peines nous *demandons* que nos ennemis osent nous poursuivre par où nous les fuyons. **Mm.**

> Chacun *tourne* en réalités
> *Autant qu'il peut* ses propres songes. **IX, 6.**

Les insectes *ont* une partie *dans la tête* analogue au cerveau. B.

Jamais homme peut - être n'*est sorti* de la vie *à soixante ans* après y avoir fait moins de mensonges et de méchancetés que N. ....

Il est certain cependant que la présence seule des adjectifs et des adverbes logiques rend souvent le secours de la ponctuation indispensable, parce que les diverses parties du discours contribuent alternativement à la formation de leur expression, et que de là résulte fréquemment une ambiguïté dans un sens partiel à l'égard du rapport grammatical que le lecteur voudrait établir entre certains mots contigus s'ils n'étaient mis hors de contact par un signe de division: par exemple ici,

Dans la gueule, *en travers,* on lui *passe* un bâton. X, 3.

sans la virgule *en travers* serait pris d'abord pour l'adjectif logique de *gueule,* tandis que l'isolement de l'expression avertit sur-le-champ le lecteur qu'elle est en rapport avec un mot plus éloigné, le verbe *passe,* qu'effectivement elle détermine; dans ces vers,

(C'est un parterre où Flore épand ses biens;)
Sur *différentes fleurs* l'abeille s'y *repose,*
Et fait du miel de toute chose. X, 1.

l'adverbe logique ne détermine que le verbe du premier attribut, *repose,* ce que fait sentir la virgule en séparant ce verbe du second attribut; dans cette proposition,

On vit H.. *reprendre* le poëme qu'il avait commencé dans sa jeunesse, *comme dernier amusement d'une vie qui s'éteint.* ....

la virgule indique que l'adverbe logique, *comme dernier amusement.....,* détermine le verbe de la proposition logique ou principale *(reprendre),* et non le verbe de la proposition grammaticale ou subordonnée *(commencé),* comme on serait porté à le croire sans l'application du signe de division ; dans cette citation,

> Son regard *frappait* tous ceux qui la voyaient en face, *d'une mort* qu'ils n'avaient le temps ni de craindre ni de sentir. **Mm.**

la virgule avertit qu'il n'y a pas de rapport entre les mots *en face d'une mort,* parce que *d'une mort* est le complément du verbe *frappait;* l'adverbe logique dans cet exemple,

> Qui croirait, *à voir dans ces plaines le cours tranquille de les eaux,* que dans peu tu vas les soulever avec tant de fureur et de violence ! **Mm.**

l'adverbe logique, disons-nous, quoique placé naturellement après le verbe qu'il détermine, est néanmoins isolé par la virgule, parce que la proximité des deux verbes en contact, *croirait à voir,* embrouillerait la perception du lecteur d'autant plus qu'*à voir* est le début d'une énonciation grammaticale très-étendue; enfin, il faut une seule lecture attentive pour comprendre nettement ce passage,

> Les hommes qui croient qu'*en agitant la masse sans avoir dans l'autorité des confédérés et des soutiens,* ils *amèneront* quelque résultat, ne sont que des brouillons et des dupes. ....**e.**

quoique la virgule ait isolé l'attribut *(ils amèneront quelque résultat)* de la proposition grammaticale qui détermine le sujet de la proposition principale *(hommes);* mais sans le secours de la virgule il faudrait lire ce passage deux ou trois fois pour en saisir distinctement le sens. La construction naturelle grammaticale de cette proposition compliquée offrirait des obscurités qu'il ne serait pas au pouvoir de la ponctuation de dissiper : « Les hommes qui croient qu'ils amèneront » en agitant sans avoir dans l'autorité des confédérés et » des soutiens la masse quelque résultat ne sont que

» des brouillons et des dupes; » mais ce passage serait
clair au point de pouvoir se passer tout-à-fait de virgule s'il était construit ainsi : « Ce ne sont que des
» brouillons et des dupes les hommes qui croient qu'ils
» amèneront quelque résultat en agitant la masse sans
» avoir dans l'autorité des confédérés et des soutiens. »

Peut-être les gens de goût penseront-ils que la
meilleure construction est toujours celle qui n'a pas
besoin de faire recourir à la ponctuation dans l'unique intention d'éclaircir un sens louche qui d'ailleurs
est indivisible. Ce n'est point une critique sur le style
des exemples que je viens de rapporter, que j'ose ici
me permettre, c'est une observation générale sur le
rapport entre le style et la ponctuation.

Le nombre des adjectifs et adverbes logiques est
très-considérable, et tous excluent l'insertion de la
virgule, hors les cas d'obscurité produite par le faux
rapport grammatical que je viens d'expliquer; mais
il n'est pas inutile de faire remarquer, comme on a
pu déjà s'en apercevoir, que toutes ces expressions
sont introduites tantôt par un adverbe grammatical
même,

Les sots usent des gens d'esprit *comme* les petits
hommes portent de grands talons. Vv.

Un homme riche est toujours gracieusé des grands
quand il se rend leur vache à lait. Ls.

et tantôt par un pronom,

Tel brille au second rang *qui* s'éclipse au premier. Vr.

La gravité est un mystère du corps *que* l'on a inventé pour cacher les défauts de l'esprit. Sc.

par une préposition,

L'on construit des palais magnifiques et des cabanes
de paysan *avec* les mêmes matériaux. Fj.

Les hommes simples et vertueux mêlent de la délicatesse et de la probité *jusque* dans leurs plaisirs. Vv.

ou enfin par une conjonction,

> Les faibles veulent dépendre *afin* d'être protégés.
> Vv.

> Toute la force des factieux s'anéantit *dès qu'*on pèse leurs actions au poids de l'équité. ....

> Les riches font beaucoup d'ingrats *parce qu'*ils ne donnent pas tout ce qu'ils peuvent. ....

> Il est des injures qu'il faut dissimuler *pour* ne pas compromettre son honneur. .Vv.

> Souffrons toutes les religions *puisque* Dieu les souffre. Fn.

> C'est un grand mérite de mettre à profit les instants *sans* abuser de la complaisance de ceux qui nous écoutent *et sans* passer les bornes de son sujet. Cc.

Cette remarque fournira l'occasion d'offrir des exemples indivisibles qui contiennent grammaticalement pour ainsi dire l'exclusion de tout signe de division intérieur, en ce que le sens total de ces propositions ou énonciations est formé essentiellement par deux sens partiels qui renferment une comparaison ou une opposition introduite et liée grammaticalement soit par la répétition d'un adverbe,

> Les corps sonores font un *plus* grand bruit *quand* ils sont creux. Fj.

ou d'une conjonction,

> L'utilité de la vertu est *si manifeste que* les méchants la pratiquent par intérêt. Vv.

soit par des prépositions ou des particules suivies de conjonctions,

> Il faut distinguer *entre* parler pour tromper *et* se taire pour être impénétrable. Vt.

> Les grands *ne* font attention chez eux *qu'*à ceux qui n'y sont pas. J.

> L'on *n'*est pas un véritable ami *si* l'on ne veut aussi

bien remplir tous les devoirs de l'amitié *que* jouir ri-
goureusement de tous ses droits.   **F.**

ou enfin par des adverbes suivis de conjonctions,

La gloire brille d'*autant plus qu'*elle s'est vue ternie
par la calomnie. **Cn.**

J'aime *mieux* que l'on demande pourquoi Caton n'a
pas de statue *que si* l'on demandait pourquoi il en a. **Ct.**

On jugerait *beaucoup mieux* les visages *si* chacun
portait ses cheveux et les laissait flotter librement. **B.**

J'ai été *moins* saisi d'horreur de voir assassiner ce
vieillard auguste *que* de voir sa tête portée en triomphe au palais du tyran. **Mm.**

Il y a *beaucoup plus* de différence entre la manière
d'agir d'un homme instruit et celle d'un ignorant
*qu'*entre leur manière si rapprochée de juger. **Cc.**

Les hommes d'état doivent penser *plutôt* à l'opinion
du lendemain *qu'*à l'opinion du jour. **Dz.**

L'usage de l'hyperbate ou inversion dans une proposition y décide fréquemment l'application de la
virgule; que Fléchier, par exemple, ait dit avec l'inversion,

Sacrifice *où coula* le sang de mille victimes,

ou sans inversion,

Sacrifice *où* le sang de mille victimes *coula;*

que le mécanisme de la versification fasse écrire,

    Elle a du temps l'agilité,
   Elle a d'amour le sourire et les ailes,
     Où le cœur à son empire
     Assujettit la raison,

ou qu'en prose l'on construise,

    Elle a l'agilité du temps,
    Elle a le sourire et les ailes de l'amour,
    Où le cœur assujettit la raison à son empire;

qu'enfin un prince ait dit,

> Où est l'avantage là est la gloire,

ou qu'il se soit ainsi exprimé,

> **La gloire est là où est l'avantage,**

dans ces doubles manières de s'énoncer l'unité de chacun des sens éprouve-t-elle la moindre atteinte par l'inversion? les seuls effets de cette figure sont de favoriser la rime ou le style poétique, et de rendre l'expression.totale plus énergique ou plus élégante; conséquemment la virgule y serait sans nécessité, aussi-bien que dans ces autres citations :

> Où est la justice là est l'avantage. **SL.**

> Toujours de l'injustice à mes yeux présentée
> J'ai repoussé l'ignominie. ....

> Quoique (l'arbre) pendant tout l'an libéral il nous donne
> Ou des fleurs au printemps, etc. (1)

pendant tout l'an est à coup sûr le complément de *libéral;* autrement il faudrait supposer à tort que le poète a ridiculement affecté au verbe *donne* deux modifications dont l'une ne serait que la répétition de l'autre, car *pendant tout l'an* et *au printemps, en automne, l'été, l'hiver,* formeraient deux adverbes logiques dont l'un exclurait l'autre; le sens réel est bien celui qu'offre la construction naturelle,

> Quoique libéral pendant tout l'an il nous donne des
> fleurs au printemps, etc.;

l'inversion a fourni la coupe de l'hémistiche sans rien changer à ce sens et sans prêter à aucune obscurité par quelque faux rapport grammatical entre les mots (la prodigalité des signes de ponctuation

---

(1).................... Cependant pour salaire
Un rustre l'abattait (l'arbre), c'était là son loyer,
Quoique pendant tout l'an libéral il nous donne
Ou des fleurs au printemps, ou du fruit en automne,
L'ombre l'été, l'hiver les plaisirs du foyer, **X, 2.**

ne suppléerait pas au défaut d'intelligence des lecteurs qui prendraient absurdement *libéral* pour l'adjectif d'*an*) : c'est donc à tort que dans le *La Fontaine* stéréotype on a isolé par la virgule l'adjectif
logique *pendant tout l'an,* qui modifie exclusivement
l'adjectif grammatical *libéral.*

Beaucoup de propositions logiques contiennent
une condition intégrante du sens total présentée par
inversion ; ainsi au lieu de dire,

J'irai vous voir *s'il fait beau,*
l'on transpose la condition,

S'il fait beau j'irai vous voir :
certes cette condition laisse dans toute sa force l'intime liaison des deux sens partiels exprimés par les
deux propositions grammaticales; la virgule est donc
aussi inutile dans tous les exemples qui offrent cette
condition, que cette condition soit rendue ou non par
l'inversion:

S'il était possible de donner sans perdre il se trouve-
rait encore des hommes inaccessibles. Vv.

Si l'illustre auteur des *Maximes* eût été tel qu'il a
tâché de peindre tous les hommes mériterait – il nos
hommages et le culte idolâtre de ses prosélytes ? Vv.

Les passions sont comme autant de verres colorés
qui nous font voir les objets autrement que nous ne
les verrions si nous étions dans l'état tranquille de la
raison. Dm.

Dans les écrits sur les sciences toutes les convenances du style sont observées si les idées sont justes et si
l'écrivain a su trouver le mot propre à exprimer chaque
idée. ....

Cependant l'inversion dans la proposition logique suivante est la seule cause que l'expression totale est
très-claire sans le secours de la virgule,

Sans l'effroi qu'*il* inspire et la terreur sacrée
Qui défend son passage et siége à son entrée

Combien de malheureux iraient dans le *tombeau*
De leurs longues douleurs déposer le fardeau ! Ds.

parce que du pronom *il* à son nom correspondant
tombeau il n'y a pas d'interposition d'un autre nom
singulier qui puisse faire fausser le rapport grammatical médiat de ces deux mots, tandis que sans l'inversion,

Combien de malheureux iraient dans le *tombeau*
De leurs longues douleurs déposer le fardeau,
Sans l'effroi qu'*il* inspire et la terreur sacrée
Qui défend son passage et siége à son entrée !

le lecteur n'apercevant pas de virgule après *fardeau,*
rapporterait à ce nom singulier le pronom *il* de la
proposition grammaticale qui exprime la condition.

On écrit sans signe de division intérieur :

Différer *est* imprudent.

Connaître l'ordre de ses devoirs et en apprécier l'im-
portance *est* le commencement de la sagesse.   ....

Mettre des colonnes avec l'inscription *Non plus ul-
trà* est un privilége qui n'appartient qu'à la doctrine
révélée. Fj.

La Fontaine a dit en parlant du secret,

Le porter loin *est* difficile aux dames;

mais le pronom démonstratif *ce* joint au verbe *est*
dans cette sorte de proposition en rendra-t-il le sens
divisible? la grammaire semblerait le vouloir, en ce
que le pronom qui reproduit pour ainsi dire le sujet
se trouve en contact avec ce sujet,

Cacher l'art c'est un grand art. Dm.

tandis que la logique s'y oppose, parce que, soit que
ce pronom se trouve joint à l'expression de l'attribut pour lui donner plus d'énergie, soit qu'il entre
comme partie obligée dans la construction, il est
toujours insuffisant pour exprimer à lui seul le sujet

et conséquemment pour former avec l'attribut le
sens total; c'est d'ailleurs un usage établi, entre autres par ces deux exemples, qui se trouvent impri-
més sans virgule dans l'édition stéréotype des fables
de La Fontaine :

> Tout cela c'est la mer à boire. VIII, 25.

> .... Ta justice
> C'est ton utilité.   X, 2.

ainsi l'on doit écrire également sans virgule :

> La victime c'est moi.   ....

> · Notre plus grand bien c'est le sommeil. Sн.

> Différer de profiter de l'occasion c'est souvent la
> laisser échapper sans retour. Dм.

> Si les fautes que l'on commet sont sans conséquence
> c'est à la fortune qu'on le doit. Vт.

> Juger de l'esprit des Orientaux par leurs livres c'est
> vouloir peindre un homme sur son cadavre. JG.

> Une erreur sans doute bien grossière c'est de croire
> que l'oisiveté puisse rendre les hommes heureux. Vт.

> Exclure toute nouveauté dans les choses à l'égard des-
> quelles on est en danger de tomber dans l'erreur c'est
> en quelque manière se ranger du parti de l'erreur. Fs.

La virgule ne me paraît devoir précéder le pronom
ce que dans des propositions logiques compliquées de
conjonctions et de propositions grammaticales, telle
qu'est la suivante, afin de rendre plus immédiatement
perceptible le sens successif:

> Si quand le pilote lutte avec habileté contre le cou-
> rant et contre les vagues une portion de l'équipage se
> mettait contre lui, ce n'est pas lui qu'il faudrait accuser
> s'il échouait dans la traversée.   ....к.

Lorsque la conjonction *mais* fait partie de l'expression d'une proposition ou énonciation, cette conjonction se trouve toujours précédée par la virgule,

parce qu'effectivement ce mot n'est jamais en rapport grammatical direct avec le mot précédent; mais la virgule ne serait-elle pas superflue dans ces deux hémistiches d'un vers de La Fontaine (l. VIII, f. 25),

> L'un est vaillant mais prompt.
> L'autre est prudent mais froid.

et dans cette citation,

> Le courageux mais inhabile duc de Villeroy venait de perdre la bataille de Ramillies. ....

la conjonction adversative *mais* amène un second adjectif qui modifie expressément le premier, et tous les deux sont aussi étroitement liés que s'ils étaient réunis par la conjonction copulative *et*.

Cette modification a souvent lieu par une énonciation successive immédiate :

> L'Angleterre n'avait point eu de *navigation artificielle* INTÉRIEURE en 1756. ....

navigation artificielle est un seul nom logique que détermine l'adjectif grammatical *intérieure;* il en est de même de ces autres propositions :

> Des médecins soutiennent que *les eaux minérales* ARTIFICIELLES sont aussi efficaces que *les eaux minérales* NATURELLES.

les deux mots *eaux minérales* réunis sont successivement qualifiés par les adjectifs *artificielles* et *naturelles.*

> Les hautes montagnes scythiques qui enclavent les Arménies ont été habitées de temps immémorial par une *nation policée et civilisée* ÉMINEMMENT industrieuse et adonnée aux arts. ....

l'adverbe *éminemment* et son complément modifient le nom logique exprimé par *nation policée et civilisée.*

Le sous-préfet donne son avis sur les avantages ou les inconvénients de la résiliation ou de la modération proposée *du prix des baux des biens des pauvres.* .....

des baux qualifie *du prix, des biens* qualifie *des baux,* enfin *des pauvres* qualifie *des biens;* et ces divers adjectifs logiques ont dû nécessairement être joints successivement sans virgule, aussi-bien que les modificatifs dans les exemples précédents; on écrirait donc aussi sans la virgule :

Observations *par MM. Carlini et Plana sur l'écrit de M. de La Place relatif* au perfectionnement de la théorie et des tables lunaires,

car le premier adjectif logique, *par MM. Carlini et Plana,* ne forme avec *Observations* qu'un seul nom logique, et *sur l'écrit de M. de La Place relatif au....* est un second adjectif logique qui détermine à son tour le nom logique entier; mais de justes convenances d'égard et de politesse ont commandé une inversion dans la rédaction de ce titre, qu'on a construit ainsi :

Observations sur l'écrit de M. de La Place relatif au perfectionnement de la théorie èt des tables lunaires, par MM. Carlini et Plana;

et cette inversion a obligé d'appliquer la virgule entre *lunaire* et *par* afin que le lecteur n'attribuât point *la théorie et les tables lunaires* aux auteurs des *Observations.*

Jusqu'à présent nous avons vu qu'après un nom plusieurs adjectifs quelconques peuvent se succéder sans être liés par aucune conjonction ni disjoints par la virgule, et que le même résultat peut avoir lieu relativement à un verbe suivi de plusieurs adverbes logiques ou de grammaire : c'est qu'alors ces réunions d'adjectifs avec un nom et d'adverbes avec un verbe

présentent chacune un tout équivalent à un seul nom
ou verbe; mais quand dans ces réunions chaque adjectif ou adverbe entre comme une partie indépendante dans la proposition, il faut qu'ils soient, aussi-
bien que plusieurs noms ou verbes, liés grammaticalement ou mis hors de contact par un signe de
ponctuation; ainsi l'on écrit avec une conjonction et
sans virgule :

> La Cigale *et* la Fourmi.
>
> La terre est ronde *ou* sphérique.
>
> Le vieux Chat *et* la jeune Souris.
>
> Le libertinage *et* la paresse sont les premiers effets
> du luxe *et* les maux de l'opulence. B.
>
> C'est à tort qu'on reproche à l'Italie d'avoir laissé
> éteindre une à une toutes ses gloires *et* son ciel étoile
> par étoile. ....
>
> Prends la plume pour me louer si je fais le bien *ou*
> pour me blâmer si j'encours le mépris. ....
>
> La Laponie est condamnée à un hiver long *et* fu-
> neste aux hommes *et* à toutes les productions de la na-
> ture. ....

à moins que le lecteur ne soit exposé à établir un
faux rapport grammatical entre certains mots qui
n'ont nul rapport entre eux, et qu'il faille recourir à
l'application de la virgule, comme ici :

> L'Homme *entre* deux âges, *et* ses deux Maîtresses.

où sans la virgule on prendrait *et ses deux Maîtresses*
pour le deuxième complément de la préposition *entre,*
qui n'en a qu'un *(deux âges),* et où l'on supposerait
en conséquence que la fable n'a qu'un seul sujet
(l'homme entre....), tandis qu'elle en a trois, savoir,
un Homme ni vieux ni jeune, sa jeune Maîtresse, et
sa vieille Maîtresse.

On écrit encore sans virgule :

> Les Poissons *et* le Berger qui joue de la flûte.

car le verbe au singulier *joue* compris dans l'adjectif logique *(qui joue de la flûte)* ne peut se rapporter qu'au nom au singulier *Berger,* et évite tout sens
obscur ou équivoque;

> La querelle des Chiens *et* des Chats *et* celle des Chats
> *et* des Souris,

car le pronom *celle* réveille immédiatement l'idée de
querelle et empêche par-là toute équivoque dans la
perception; mais on sera forcé de recourir à la ponctuation pour faciliter sur-le-champ l'intelligence
du sens partiel dans,

> C'est un grand spectacle de considérer les hommes
> *méditant* en secret de s'entre-nuire, *et* forcés néanmoins
> de s'entr'aider *contre* leur inclination et leur dessein.
>   **Vv.**

parce que la virgule évite de faire rapporter au par-
ticipe *méditant* la préposition adversative *contre* exprimée dans le deuxième complément de l'infinitif
considérer (et forcés....);

> Nous ignorons si le corps de Pompée est en proie
> aux oiseaux du ciel *et* aux chiens voraces de l'Égypte,
> *ou* si c'était lui que consumait dans le silence de la
> nuit un bûcher que nous avons vu allumé sur le rivage.
>   **Mm.**

la virgule divise les compléments du verbe dubitatif
ignorons si parce qu'ils diffèrent entre eux dans leur
expression, en ce que le premier contient une seule
proposition grammaticale dont le verbe *(est)* se trouve lui-même suivi de deux autres compléments liés
par *et,* et que le deuxième complément d'*ignorons*
renferme deux propositions grammaticales dont chaque verbe a un seul complément;

> On *voit* ceux qui nagent encore *ramasser* les traits
> répandus sur la mer, *et* les *fournir* à leurs compagnons

qui combattent sur les vaisseaux, *ou* d'une main faible
et mal assurée *s'efforcer* de les lancer eux-mêmes sur
l'ennemi qui nage autour d'eux. **Mм.**

les deux compléments du verbe *(voit)* de la proposition logique amenés par les infinitifs *ramasser* et
fournir, sont d'abord mis hors de contact parce que
le deuxième étant dubitatif a lui-même et de plus que
le premier un complément dubitatif opposé et de
même amené par un infinitif *(s'efforcer),* isolé à son
tour par la virgule afin qu'on ne rapporte pas l'adverbe logique qui le détermine au verbe *combattent*
contenu dans la proposition grammaticale qui précède immédiatement.

L'auteur *expose* les principes de cette science dans
l'ordre même où on les a découverts, *et* les *présente*
avec tant de clarté *et* de précision que des lecteurs qui
n'ont pas la moindre teinture de ce sujet peuvent le
comprendre facilement. ....

la virgule met encore hors de contact les deux attributs *(expose....* et *présente)* malgré la conjonction
et qui les lie grammaticalement, afin de disposer l'intelligence du lecteur à une nette perception du second attribut, dont l'expression n'est pas semblable
par la forme grammaticale à l'expression du premier.
J'ai dit plus haut que plusieurs parties indépendantes, telles que noms, adjectifs, verbes, adverbes,
logiques ou de grammaire, doivent être liées grammaticalement ou mises hors de contact par la virgule,
et j'ai présenté des exemples du premier cas; en voici
du second, dans l'énumération desquels on sous-en-
tend toujours soit la conjonction copulative *et,* soit
la conjonction alternative *ou :*

Alléguez la beauté, la vertu, la jeunesse.... VIII, 1.

la beauté, premier complément de l'impératif *allé-*
guez, reste nécessairement en contact avec ce verbe

parce qu'ils sont en rapport grammatical direct; *la vertu, la jeunesse*, deuxième et troisième compléments d'*alléguez*, sont au contraire isolés par la virgule parce qu'entre eux il n'y a nul rapport et que d'ailleurs ils sont relatés sans liaison grammaticale: mon esprit perçoit bien un sens complet quand je lis *alléguez la beauté*, mais la présence de la virgule m'engageant à lire tout de suite *la vertu*, et la répétition du même signe me faisant lire ensuite *la jeunesse*, j'adapte successivement ces noms à *alléguez* fixé récemment dans ma mémoire, comme si je lisais *alléguez la beauté, alléguez la vertu, alléguez la jeunesse*, et cette opération de l'esprit m'a fait percevoir trois sens partiels dans l'énonciation totale; l'insertion de la virgule dans l'énonciation grammaticale *(alléguez la beauté)* aurait égaré ma perception au lieu de l'aider, tandis que l'application postérieure et répétée de ce signe m'a indiqué matériellement la jonction des trois sens partiels en marquant pour ainsi dire leur délinéation. Dans les exemples ci-après la virgule rend un service analogue à celui dont je viens de parler:

L'un se mit sur le dos, prit l'œuf entre ses bras... X, 1.

L'air avec nous respire, agit, voit, parle, écoute. L*.

.... Le cormoran
Vous les prenait sans peine, un jour l'un, un jour l'autre. X, 4.

.... Hippocrate arriva dans le temps
Que celui qu'on disait n'avoir raison ni sens
          Cherchait dans l'homme et dans la bête
Quel siége a la raison, soit le cœur, soit la tête. VIII, 26.

Remarquons que l'énumération forme la chute des citations que je viens de rapporter; au lieu qu'elle débute dans ces propositions:

Soit vivacité, soit hauteur, soit avarice, il n'y a point d'homme qui ne porte dans son caractère une occasion continuelle de faire des fautes. Vv.

4

Soit vivacité, soit hauteur, soit avarice, locu-
tions que l'esprit ne peut comprendre qu'en réta-
blissant la préposition *par* qu'on en a supprimée par
ellipse, forment trois adverbes logiques du verbe
porte, que la construction a rejetés au commencement de la proposition logique et que la virgule a dû
isoler individuellement comme n'étant en rapport ni
entre eux ni avec la locution *il n'y a*....; la ponctuation marque la même division dans cette citation:

> A Rome, à Sparte, à Athènes, l'amour de la patrie
> était le premier devoir. ....

L'énumération pour ainsi dire intercalée offre une
difficulté de plus:

> La crainte de se faire des ennemis, d'éprouver des
> fatigues, de s'engager dans des dépenses, d'être détour-
> né de ses occupations personnelles, effraie. Cc.

des quatre adjectifs logiques de *crainte* le premier
ne saurait être mis hors de contact avec le sujet, les
trois autres doivent être isolés, et le quatrième séparé même de l'attribut *(effraie)*, parce que cet attribut se trouve n'être qu'en rapport subsidiaire et
collectif avec les quatre adjectifs logiques réunis,
mais effectivement en rapport direct et conséquemment plus étroit avec le sujet exprimé antérieurement. Et si l'on est réellement fondé en grammaire
et en logique à l'application de la virgule avant l'attribut de la proposition citée, son application doit
avoir lieu également avant l'expression de l'attribut
dans ces autres propositions:

> Le doux climat de l'Europe, le beau ciel de l'Asie,
> est loin de nous. Mᴍ.

> Quel sera le terme de cette guerre si Pharsale, si la
> mort même de Pompée, n'en est pas la fin? Mᴍ.

> A vouloir que de nouveau
> Sire Loup, sire Corbeau,
> Chez moi se parlent en rime. VIII, 13.

Il vendit son tabac, son sucre, sa cannelle,
    Ce qu'il voulut.   VII, 14.

Ce qu'il voulut n'est pas plus relatif à *cannelle* qu'à *tabac* et à *sucre;*

On écorche, on taille, on démembre,
Messire Loup.   VIII, 3.

Messire loup est le complément non moins intime d'*écorche* et de *taille* que de *démembre;*

Il est un berger du village
 - Dont l'abord, dont la voix, dont le nom, fait rougir. VIII, 13.

fait rougir ne se rapporte pas plus directement à *nom* qu'à *voix* ou à *abord;*

On peut arrêter, comprimer, le mouvement ascendant d'amélioration.... ....

le mouvement...... est en rapport aussi direct avec *arrêter* qu'avec *comprimer.*

Afin de faire mieux sentir les raisons que je viens d'exposer pour motiver l'application de la virgule entre le dernier mot énuméré et l'attribut qui suit ce mot , je vais présenter des cas où cette application doit être proscrite, comme lorsqu'un mot collectif est substitué à l'énumération entière :

La bagatelle, la science,
Les chimères, le rien, *tout* est bon. X, 1.

l'énumération est inclusivement terminée au mot *rien; tout* reste seul en rapport direct et indivisible avec *est bon;* de même dans,

Le vrai et le faux, le frivole et le grand, *tout* ce qui lui est occasion de dire quelque chose d'agréable lui est propre. Vv.

la virgule ne doit pas séparer le sujet *tout*..... de l'attribut *lui est propre.*

Rétablir l'union parmi les individus du même pays, y protéger tous les intérêts, ne faire aucune distinction

des personnes, égalité complète dans tous les droits,
tel est le but de la justice. ....

l'adjectif *tel,* qui énonce tout le sujet multiple, reste
seul en contact avec l'attribut *est.*

> Car il faut selon son système
> Que l'homme, la souris, le ver, enfin *chacun*
> Aille puiser son âme en un trésor commun. IX, 7.

chacun est en contact avec *aille* parce que ce pronom collectif exprime seul le sujet multiple de la
proposition grammaticale; enfin, dans

> Un, deux, trois, quatre corps..... VIII, 27.

un, deux, trois, quatre, s'absorbent pour ainsi dire
successivement, conséquemment *quatre* reste seul
en contact avec *corps.*

Quoique liés grammaticalement deux compléments peuvent être séparés accidentellement par la
virgule, comme dans cette proposition logique :

> Dans cet état de la science il est à *craindre* que les
> faits ne soient mal observés, mal décrits, *et* que l'on ne
> commette de graves erreurs sur les mesures. ....

parce que le premier complément de *craindre* contient une proposition grammaticale dont le verbe
soient a lui-même deux compléments exprimés sans
ligature;

> Pharnace avait pris la ville de Pont, l'avait mise au
> pillage, AVAIT FAIT *vendre* comme esclaves tous les ci-
> toyens *et mutiler* tous les enfants qui n'avaient pas at-
> teint l'âge de puberté. MM.

Cet exemple offre une énumération sans ligature,
car la conjonction *et* ne lie que les infinitifs *mutiler*
et *vendre,* compléments communs du troisième attribut *(avait fait).*

Après avoir indiqué les cas où l'énumération liée
grammaticalement est indivisible, puis les cas où la

virgule isole les mots de l'énumération non liée par
la grammaire, nous rapporterons ceux où les deux
dernières parties sont séparées quoique liées par une
conjonction.

    Le Cochon, la Chèvre, *et* le Mouton.
la virgule précède l'*et* parce que cette conjonction
indique seulement le terme de l'énumération, mais
ne marque nulle liaison plus particulière entre les
deux derniers noms qu'entre le second et le premier,
car les trois sont dans une relation parfaitement égale
le entre eux; la conjonction dans les exemples ci-
après joue un rôle semblable:

    Le Marchand, le Gentilhomme, le Pâtre, *et* le Fils de
roi.

    L'axis a le poil fauve, blanc, noir, *et* gris. B.

    Cette médecine est purgative, fébrifuge, *et* vermi-
fuge. ....

    ....Un suppôt de Bacchus
Altérait sa santé, son esprit, *et* sa bourse. II, 7.

    Tout au travers ils se jetèrent,
Gâtèrent tout, *et* tout broutèrent. IX, 11.

    Il harangua tout le troupeau,
Les chefs, la multitude, *et* jusqu'au moindre agneau. IX,19.

(Parmi tant d'huîtres une) ..... Était épanouie,
Blanche, grasse, *et* d'un goût à la voir nompareil. VIII, 9.

    J'ai tout vu, tout su, *et* tout oublié. MA.

    La Divinité a-t-elle d'autre demeure que la terre,
l'onde, le ciel, *et* le cœur de l'homme juste? Mм.

    Les anciens appelaient sagesse l'art de penser, l'art
de s'exprimer, *et* l'art oratoire. Cc.

    Notre empire s'est étendu jusque sous les astres de
l'ourse, jusques aux bornes du couchant, *et* bien avant
dans les climats d'où le vent du midi se lève. Mм.

    Caritès n'a jamais senti si un mot était propre ou

ne l'était pas, si une épithète était juste, *et* si elle était
à sa place. Vv.

Nos prédécesseurs se sont plaints, nous nous plai-
gnons, *et* ceux qui viendront après nous se plaindront
aussi, que les mœurs sont corrompues, que le vice est
en règne, *et* que le monde dépérit de jour en jour. Fj.

Aussi l'*et* qui marque une liaison particulière entre
deux mots reste en contact avec ces mots : cette
adresse,

Chez Bossange, Treuttel *et* Würtz,

indique *deux* librairies, tandis que cette autre,

Chez Thomine, Desgranges, *et* Boichard,

désigne *trois* marchands de papiers; dans cette proposition,

L'histoire est le témoin de tous les âges, le flambeau
de la vérité, le principe de la mémoire, le guide de la
vie, la messagère *et* l'interprète de l'antiquité. Cc.

les quatre premiers attributs *(témoin, flambeau,
principe, guide)* ont chacun un adjectif logique spécial, tandis que le cinquième *(messagère)* et le sixiè-
me *(interprète)* n'en ont qu'un commun, que l'insertion de la virgule tendrait à ne faire rapporter
qu'à *interprète*.

Remarquons cependant qu'un faux rapport grammatical peut faire détacher le premier adjectif énuméré du substantif que l'énumération modifie, comme ici,

Le décret du 11 juillet 1810 charge l'administration
de l'enregistrement de fournir les *feuilles* des passe-
ports, *uniformes*, timbrées à Paris pour tout le royaume, et reliées en registres. ....

parce que le premier adjectif grammatical *(uniformes)* s'accorde en genre et en nombre avec le substantif *passe-ports*, et que la virgule a dû détruire la

supposition de cet accord relativement au sens; de
même dans,

> .... Ne trouvez pas mauvais
> Qu'en ces fables aussi j'entremêle des traits
> De *certaine philosophie,*
> Subtile, engageante, et hardie. X, ı.

parce que l'énumération des adjectifs commence par
certaine, placé seul avant le nom, et continue par
subtile, etc.

    La fin de l'énumération dont une conjonction mar-
que le terme se détache aussi de l'attribut exprimé
postérieurement :

> La Chèvre, la Génisse, et la Brebis, en société avec
> le Lion.

la virgule après *brebis* indique qu'*en société avec le
lion* se rapporte collectivement aux trois noms exprimés antérieurement ;

> Lorsque le genre humain de glands se contentait
> Ane, cheval, et mule, aux forêts *habitait.* IV, ı3.

la virgule après *mule* marque que le singulier *habi-
tait* se rapporte individuellement et grammaticalement à chacun des trois noms précités; les exemples
suivants présentent des cas analogues:

> Le vent, le froid, et l'orage,
> Contre l'enfant faisaient rage. LF.
> .... Nos gaillards pélerins,
> Par monts, par vaux, et par chemins,
> Au gué d'une rivière à la fin arrivèrent. II, ıo.

la virgule est appliquée après *pélerins* parce que le
vers qui suit contient trois adverbes logiques qui déterminent un verbe *(arrivèrent)* exprimé postérieurement ;

> Le malheureux lion, languissant, triste, et morne,
> Peut à peine rugir.   III, ı4.

lion est suivi de la virgule parce que, comme je l'ai
fait remarquer plus haut pour un cas semblable, l'é-

numération des adjectifs commence par *malheureux*, placé avant le substantif ;

> Il n'y a peut-être aucune découverte qui ait moins dépendu du hasard, qui ait demandé d'aussi vastes connaissances, un zèle aussi infatigable, et un esprit aussi systématique, que celle de Képler. ....

> Rapport fait à l'institut de France sur les avantages, sur les inconvénients, et sur les dangers, *comparés*, des machines à vapeur dans les systèmes de simple, de moyenne, et de haute, *pression*.

comparés appartient aussi-bien à *avantages* et à *inconvénients* qu'à *dangers*, et *pression* est non moins intime avec *simple* et avec *moyenne* qu'avec *haute*, ce que la virgule indique, tandis qu'ici,

> Zoon accourt au bruit, recouvre ce cher gage,
> Poursuit le ravisseur, et le joint, et l'engage
> En un combat de main à main. LF.

l'absence de la virgule laisse en contact *engage* avec son complément exclusif *en un combat*.....

Quand une énumération n'est qu'explicative elle s'isole tout-à-fait par la virgule, quoiqu'elle soit introduite par une conjonction ;

> L'opinion constante de tous les rhéteurs, et surtout d'Aristote, de Cicéron, et de Quintilien, est que l'orateur doit être un homme de bien. Lv.

Lorsque la conjonction n'est ajoutée aux parties de l'énumération que pour donner plus d'énergie à leur expression l'on divise abstraction faite de cette addition :

> Du sein de l'exil on le voit réprimander avec la même arrogance *et* son roi qui l'a exilé, *et* le pape qui ne le soutient pas avec assez de vigueur, *et* le clergé qui l'abandonne. ....

> *Et* la saison qu'adoucit le climat, *et* le climat que la saison tempère ; semblent dans cette longue route

devoir épargner au soldat ce qu'un soleil brûlant ou ce qu'un âpre hiver lui ferait souffrir l'un sans l'autre. Mм.

De même lorsque le mécanisme de la versification ou le style poétique fait employer cette même conjonction :

Valeur, adresse, et ruses, et surprises,
Tout s'employa.   VII, 8.
Imprudence, babil, et sotte vanité,
    Et vaine curiosité,
Ont ensemble étroit parentage. X, 3.
.... Il veut avoir
Un manchon de ma peau, tant elle est bigarrée,
    Pleine de taches, marquetée,
    Et vergetée, et mouchetée. IX,3.
    Sur l'animal à triple étage
    Une sultane de renom,
    Son chien, son chat, et sa guenon,
Son perroquet, sa vieille, et toute sa maison,
    S'en allait en pèlerinage. VIII,15.

De là sont éclos l'aspic, le seps, le dipse, le prester, et le céraste, et le scytale, et le rapide jaculus, et le basilic, dont le souffle est mortel à tous les autres serpents, et vous qu'on révère dans nos climats.... Mм.

La manière de diviser l'énumération dont le sens comporte *ou*, est la même :

Je vous laisse à examiner à qui nous aurons recours,
de l'Égyptien, du Parthe, *ou* du Numide. Mм.
Il a le moins de part au trésor qu'il enserre,
    Thésaurisant pour les voleurs,
    Pour ses parents, *ou* pour la terre. IX,16.
    L'animal se sent agité
De mouvements que le vulgaire appelle
Tristesse, joie, amour, plaisir, douleur cruelle,
    Ou quelque autre de ces états. X. 1.

Le malheureux est victime de la lâcheté, de la paresse, *ou* de l'avarice, de celui dont il avait droit d'attendre des secours. Cc.

5

.... Le bien empaqueter,
Puis des pieds de devant ensemble le porter,
Ou le rouler, *ou* le trainer. X, 1.

Je t'ai fait voir tes camarades
Ou morts, *ou* mourants, *ou* malades. VIII, 1.

On divise encore de même l'énumération de parties dont la particule *ni* indique l'exclusion :

Ni mon grenier *ni* mon armoire
Ne se remplit à babiller. IV, 3.

L'audace des Égyptiens ne fut point abattue *ni* leur fureur étouffée par la mort de leur général. Mx.

Phalante ne connaît *ni* l'amour, *ni* la crainte, *ni* la foi, *ni* la compassion. Vy.

(Or du hasard il n'est pas de science;)
S'il en était on aurait tort
De l'appeler hasard, *ni* fortune, *ni* sort. II, 15.

On n'osa trop approfondir
Du tigre, *ni* de l'ours, *ni* des autres puissances,
Les moins pardonnables offenses. VII, 1.

Trou, *ni* fente, *ni* crevasse,
Ne fut large assez pour eux. IV, 6.

(Dans chacune des trois citations précédentes l'on a dû ponctuer comme si la particule *ni* y était exprimée trois fois, parce qu'en effet il y a chaque fois ellipse de cette particule.)

Isocrate est un homme qui ne veut *ni* persuader, *ni* corriger, *ni* instruire, personne. Vy.

Je me sens forcé de respecter un génie à qui *ni* les sciences abstraites, *ni* les arts, *ni* la politique, *ni* les mœurs des peuples, *ni* leurs opinions, *ni* leur histoire, *ni* leur langue même, n'ont pu échapper. Vy.

Rien n'échappe à la vue de la pythie, *ni* le premier jour du monde *ni* le dernier, *ni* l'étendue de l'Océan *ni* le nombre de ses grains de sable. Mx.

(Les quatre parties exclues n'offrent qu'une seule division intérieure parce que les deux premières ont

une source commune, *jour*, aussi-bien que les deux
dernières, *Océan.*)

Le pléonasme, figure consacrée par l'usage lorsqu'elle apporte plus de netteté, de grâce, ou d'énergie, dans la phrase, ne donne jamais lieu à l'application de la virgule quand il est grammatical, comme ici,

> *Je* l'ai vu *moi*-même,
> C'est une affaire *où* il *y* va du salut de l'état;

mais le pléonasme logique ne saurait rester en contact avec le sens partiel dont il forme la répétition :

> Le conte est du bon temps, non du siècle où nous sommes.
>   X, 10.

Le sens suffisant est exprimé par la proposition que
forme le premier hémistiche de ce vers, et le second
est un pléonasme logique, une sorte de variante dans
l'expression de l'attribut; les exemples ci-après offrent le même cas :

> Et rose elle a vécu ce que vivent les roses,
>   L'espace d'un matin.   Mн.

Il ne lui reste que la ressource des méchants, la
vengeance. ....

Montesquieu parut ce qu'il était en effet, un des
hommes les plus profonds. ....

D'abord son sang hésite, incertain par quelle voie
il va s'écouler. Mм.

Certaines gens considéraient la vérité comme une
maison de bois dont il fallait supporter les inconvénients en attendant que l'on rebâtît la véritable demeure, le mensonge. ....

L'absence de toute conjonction forcerait seule à placer la virgule avant ce pléonasme si d'ailleurs il ne
devait être détaché également lors même qu'il est
amené par une ligature grammaticale, car cette li-

gature n'empêche pas le pléonasme d'être une répétition, comme dans ces autres citations :

C'est le serpent que je veux dire,
Et non l'homme.   X, 1.

On m'a faite................
Sa sœur, *et* non sa suivante.   VII, 17.

Le gouvernement est une sorte de tutelle qui a pour but l'avantage de ceux pour qui l'on gère, *et* non pas de ceux qui gèrent. Cc.

Les bouches du Nil défendent l'Égypte, *et* la rendent d'un difficile et dangereux accès. Mm.

Contre tout droit les Romains ravirent à des nations innombrables leurs richesses, *et* entre autres le précieux trésor de la liberté. Fl.

Il n'y a que la vérité qui soit durable, *et* même éternelle. B.

La vérité est l'objet du travail de la science, *et* pour ainsi dire la mine qu'elle exploite. Cc.

Molière fut le premier qui fit sentir le vrai, *et* par conséquent le beau. Vt.

On tourne une pensée comme un habit, *pour* s'en servir plusieurs fois. Vv.

Dans aucune circonstance de ma vie je ne trahirai la vérité, *ni pour* obtenir des faveurs *ni pour* nuire à personne. ....

La presse ne doit être considérée que comme un simple instrument, *propre* à servir au bien et au mal. ..

Il semble d'abord que dans cette proposition l'adjectif grammatical *propre* détermine *instrument*, mais le logicien voit distinctement que *propre à servir au bien et au mal* est une variante de *un simple instrument;* le sens est : « La presse ne doit être considérée que comme un simple instrument, lequel peut être employé au bien comme au mal. »

Mais il faut bien se garder de ponctuer comme une variante un complément tel qu'en offre cette sorte de construction :

La solution de cette question semble ne *conserver* par le raisonnement que *pour détruire* par le fait *l'élément chimique*. ....

car *élément chimique* est le complément commun des infinitifs *conserver* et *détruire*.

Le pléonasme logique enclavé pour ainsi dire dans une proposition s'isole tout-à-fait par la virgule :

Tous les soldats [, sans distinction de grade,] rivalisèrent d'intrépidité et de constance. ....

Les extrémités les plus dures [, la faim, la douleur, la misère,] ne l'abattent point.   Vv.

C'est à l'autorité judiciaire [, et non à l'autorité administrative,] qu'il appartient de... ....

Les crochets indiquent le pléonasme dans les trois citations précédentes; je m'abstiendrai de l'indiquer dans les suivantes :

Ce livre est, je ne dis pas nécessaire, mais indispensable. ....

Le sénat vous a donné à soutenir, non l'ambition d'un seul homme, mais les droits et la liberté de tous.   Mm.

J'attribuerais à l'animal,
Non point une raison selon notre manière,
Mais beaucoup plus aussi qu'un aveugle ressort.   X, 1.

Elle craignait, non la violence ou la trahison de Ptolomée, mais que Pompée ne s'abaissât jusqu'à la prière et ne fléchît devant un sceptre que lui-même il avait donné.   Mm.

Alors on voit de loin s'avancer vers les murs, non pas des troupes semées dans la campagne et voltigeant par escadrons, mais une armée rangée en bataille et marchant d'un pas égal. Mm.

Les propositions suivantes peuvent être rangées dans
la même catégorie, bien qu'au lieu de pléonasmes ou
de variantes de sens partiels elles renferment des phrases explicatives, ou plutôt des adverbes et adjectifs
logiques :

On a admiré dans les négociations la supériorité de
la maison d'Autriche, mais pendant l'énorme puissance de cette famille, non après. Vᴠ.

L'ingratitude la plus odieuse, mais la plus commune et la plus ancienne, est celle des enfants envers
leurs pères. Vᴠ.

Dans les États-Unis de l'Amérique septentrionale il
y a des prisons organisées de manière que non-seulement la dépravation des prisonniers y est impossible,
mais qu'ils en sortent presque toujours meilleurs qu'ils
n'y sont entrés. ....

La base de la justice est la bonne foi, c'est-à-dire
la sincérité et la persévérance dans nos paroles et nos
actions. Cc.

Un homme n'ayant plus ni crédit ni ressource
    Et logeant le diable en sa bourse,
    C'est-à-dire n'y logeant rien....   IX, 16.

Il n'en revint, bien que son ban fût expiré, qu'a-
près la réduction de la place. ....

Dans cette proposition,

Laridon et César..........................
Hantaient, l'un les forêts et l'autre la cuisine.   VIII, 25.

l'incohérence grammaticale entre le pluriel _han-
taient_ et le pronom singulier _l'un_, produite parce
que le sujet multiple a motivé deux compléments
dont la jonction avec le verbe n'a pu s'opérer sans
l'interposition des pronoms _l'un, l'autre_, qui repro-
duisent séparément le sujet multiple; cette incohérence, dis-je, autorise l'application de la virgule
d'autant plus qu'en empêchant de prendre pour

compléments du verbe les pronoms eux-mêmes *(l'un, l'autre),* elle fait pressentir les compléments véritables *(les forêts, la cuisine).* La virgule rend le même
service dans cet exemple :

> D'un côté les écueils des Syrtes, de l'autre les bou-
> ches du Nil, défendent l'Égypte. **Mм.**

Elle rend encore un service analogue dans les propositions ou énonciations ci-après, qui débutent toutes par une sorte d'exposition inhérente au sens, mais
dépourvue de liaison grammaticale :

> Pour moi, je vais vous confier mes inquiétudes se-
> crètes. **Mм.**

> A l'égard du corps de Pompée, nous ignorons s'il
> est en proie aux oiseaux du ciel. **Mм.**

> A l'égard de nous autres hommes,
> Je ferais notre lot infiniment plus fort. **X, 1.**

> Arrivé enfin dans le Pont, il rassembla ses troupes.
> **Mм.**

> Marché fait, les oiseaux forgent une machine
> Pour transporter la pèlerine. **X, 3.**

> Ce fondement posé, ne trouvez pas mauvais…. **X, 1.**
> Et nouvel Empédocle aux flammes condamné
> Par sa propre et pure folie,
> Il se lança dedans…. **IX, 5.**

C'est ici le terme du sens de la proposition logique, que je crois avoir offert avec la plupart des modifications que les diverses constructions peuvent
donner à son expression totale.

Comme chaque science doit avoir des termes défi-
nis, c'est le moment d'avertir qu'en ponctuation il
me paraît raisonnable d'appeler *sens partiels* le sujet et l'attribut simples, complexes, ou multiples,
contenus dans toute proposition ou énonciation logique; de ne donner le nom de *sens complet* qu'à celui
que renferme cette même proposition; et de désigner

par *sens total* celui qui résulte du concours de plusieurs propositions ou énonciations logiques, ou d'une proposition logique principale contenant une phrase incidente. C'est donc aussi le cas d'exprimer ce que j'entends par *phrase incidente.*

Incise vient d'*incidere,* dont la signification est ou *couper, trancher, tailler, inciser,* ou *tomber dans ou sur;* qu'on ait tiré le terme de l'un ou de l'autre de ces deux sens, il signifie irrévocablement phrase coupée : conséquemment toute périphrase, proposition grammaticale, expression quelconque, qui détermine soit un sujet, soit un attribut, d'une proposition logique, ne peut être assimilée à la *phrase incidente,* puisqu'en déterminant elle joue le rôle d'adjectif ou d'adverbe logique et fait partie intégrante du mot déterminé, comme dans cette proposition,

    L'homme *qui m'est venu voir ce matin* est fort savant,

où l'on voit que la réunion des mots en italique est identique avec le sujet *homme,* en ce qu'elle restreint exclusivement sa signification; et l'on ne doit considérer comme une véritable expression *incidente* que toute phrase ou proposition grammaticale qui ne détermine ni le sujet ni l'attribut logique, parce qu'alors seulement elle est une phrase *coupée,* un *fragment,* une *subdistinction,* comme dans cet exemple,

    L'homme, *qui est un animal raisonnable,* devrait s'attacher à régler ses passions,

où l'on voit très-clairement que la phrase en italique n'est point identique avec *homme,* en ce qu'elle ne le restreint pas; *homme* reste malgré elle dans le sens général.

Que l'on juge de cette opinion comme on voudra, je préviens que je ne comprends sous la dénomination de *phrase incidente* qu'une expression quelconque qui ne fait pas partie intégrante du sens rigou-

reux de la proposition ou énonciation logique. Telles
sont les expressions figurées en italique dans les citations suivantes :

> Il n'y a de neuf, *dit Chaucer,* que ce qui a vieilli.

> Vraiment, *me diront nos critiques,*
> Vous parlez magnifiquement. II, 1.

> Il est, *je le vois bien,* si poltron sur la terre
> Qui ne puisse trouver un plus poltron que soi. II, 14.

> Il n'est rien de moins ignoré,
> Et, *puisqu'il faut que je te die,*
> Rien où l'on soit moins préparé. VIII, 1.

> Car, *afin qu'on le sache,*
> C'est Sillery qui s'attache
> A vouloir que de nouveau.... VIII, 15.

> Les chiens, *qui sur leur foi reposaient sûrement,*
> Furent étranglés en dormant. III, 13.

> Ce fut par elle qu'aux bords du couchant Atlas, *qui
> debout soutenait le ciel,* fut tout-à-coup transformé en
> montagne. Mm.

> J'ai été moins saisi d'horreur de voir assassiner ce
> vieillard auguste que de voir sa tête, *qu'on avait tran-
> chée,* portée en triomphe au palais du tyran. Mm.

> Un loup rempli d'humanité
> *(S'il en est de tels dans le monde)*
> Fit un jour sur sa cruauté,
> *Quoiqu'il ne l'exerçât que par nécessité,*
> Une réflexion profonde. X, 6.

> Ce genre alors, *comme aujourd'hui,* était peu cul-
> tivé. ....

> La nation des belettes,
> *Non plus que celle des chats,*
> Ne veut aucun bien aux rats. IV, 6.

> Tout-à-coup Orgon abandonna sa demeure sans
> que personne, *si ce n'est son astrologue,* pût expliquer
> la cause de cette résolution. ....

> Le dernier, *et peut-être le plus fameux,* des descen-
> dants d'Iule fait fumer l'encens sur vos autels. Mm.

C'est alors qu'indigné des obstacles qui traversent ton cours, *torrent fougueux*, tu te révoltes, et lances ton écume jusqu'au plus haut des airs. **Mm.**

Moi, *charitable et bon homme*,
J'ouvre au pauvre morfondu. **LF.**

Le plus grand nombre des vaisseaux, *guidés par de sages pilotes, et sûrs de leur route avec des matelots à qui ce rivage est connu*, vont aborder au marais de Triton. **Mm.**

L'homme, *léger dans sa jeunesse, lourd dans sa vieillesse*, est toujours sous l'influence de l'âge. .:..

Toutes ces parties, *essentielles puisqu'elles sont dépendantes les unes des autres*, ont une variété qui doit attacher le lecteur. ....

Ah! pour toute consolation dans nos peines nous demandons que nos ennemis, *que César lui-même*, osent nous poursuivre par où nous les fuyons. **Mm.**

L'erreur alla si loin qu'Abdère députa
Vers Hippocrate et l'invita,
Par lettres et par ambassade,
A venir rétablir la raison du malade. **VIII, 26.**

Il y avait cinq espèces de bois, *savoir*, le frêne, l'orme, etc.

Isocrate sert à son siècle de preuve qu'il n'y a que la simplicité, la vérité, et l'éloquence, *c'est-à-dire toutes les choses qu'il a méprisées*, qui puissent durer. **Vr.**

Ni le père de Méduse, ni sa mère, *Céto*, ni ses sœurs, *les Gorgones*, ne peuvent la regarder. **Mm.**

Céto est absolument incident; il serait déterminant et en contact immédiat avec *mère* si l'on pouvait admettre que Méduse eût eu plusieurs mères et qu'on voulût parler ici de celle d'entre elles qui se fût nommée *Céto;* il en est de même de *les Gorgones.*

Qu'on retranche l'italique de toutes ces citations, et l'on verra qu'il ne contient que des explications

détachées, conséquemment *incidentes*, du sens rigoureux.

Tous les noms employés en apostrophe doivent
être assimilés aux phrases incidentes relativement à
la division du sens, en faisant surtout attention de les
laisser en contact avec les adjoints qui les déterminent :

Oui, *sire*, je suis protestant, dit Duquesne à Louis
XIV. ....

Car toi, *loup*, tu te plains quoiqu'on ne t'ait rien pris,
Et toi, *renard*, as pris ce que l'on te demande. II, 3.

Je vous rends, leur dit-il, mille grâces, *tes belles*,
Qui m'avez si bien tondu. I, 17.

Prince, la vérité doit sembler bien terrible puisqu'on lui oppose tant d'obstacles et qu'on la repousse
du trône avec tant de rigueur. Ml.

Et pourrai-je oublier tes talents et ton zèle,
O toi de l'amitié le plus parfait modèle! Dl.

Ministres qui lanciez des foudres infidèles,
Aigles dont le tonnerre a consumé les ailes,
Favoris qui tombez du sommet des grandeurs,
De Palès et des rois comparez les faveurs. Lb.

O Parnasse, frémis de douleur et d'effroi!
Pleurez, *Muses,* brisez vos lyres immortelles!
Toi dont il fatigua les cent voix et les ailes,
Dis que Voltaire est mort, pleure, et repose-toi. Lb.

Larmes, que n'avait pu m'arracher le malheur,
Coulez pour la reconnaissance. Lb.

que n'avait pu.... n'est pas dit spécifiquement; Lebrun n'avait jamais pleuré.

Sur des ailes, *noble pensée*
Du grand cœur de l'homme élancée,
Fille des cieux, remonte aux cieux. ....

O mort, moment fatal! affreuse éternité!
Tout cœur à ton nom seul se glace épouvanté! Vt.

Moi, des tanches, dit-il, *moi héron,* que je fasse
Une si pauvre chère! VII, 4.

Cependant l'on considère et l'on divise abusive
ment comme des noms en apostrophe ceux qui sont
simplement relatés, quoique la forme du discours
soit absolument la même que lorsqu'on interpelle;
ainsi dans ces vers,

> Adieu donc *stérile étiquette!*
> Adieu *petite vanité,*
> *Graves riens, noble ennui, toilette,*
> *Et grandes fêtes sans gatté!*
> Adieu *clef d'or qu'ont au derrière*
> Mes collègues les chambellans!
> Pour vivre enfin à ma manière,
> Ma foi, j'ai pris la clef des champs.   ....

l'étiquette, la petite vanité, les graves riens, etc., ne
sont pas des noms personnifiés à qui le poète s'adresse, mais l'énumération des divers objets qu'il aban-
donne désormais; le sens est le même que dans cet
autre exemple :

> *Adieu la vérité* dès que par un motif quelconque la
> liberté réciproque est détruite dans une discussion. **Fr.**

La virgule est inutile dans un sens total énoncé
par deux propositions ou énonciations simples liées
par la conjonction copulative *et* ou par la conjonction alternative *ou:*

> J'aime la bonne foi *et* je hais la duplicité.
> La politique paraît obscure *et* la justice semble claire.
> Il faut aimer la justice *ou* il faut la craindre.

Elle apporte de la netteté au contraire dans un sens
total exprimé par des propositions ou énonciations
logiques liées par *et* ou par *ou,* quand l'une ou à plus
forte raison toutes deux sont complexes :

> Il dit, *et* ses traits aveuglément lancés ne laissent
> pas de porter atteinte. **Mm.**
> Montrez-moi un danger où je sois sûr de périr, *et*
> je tremblerai. **C.**
> Les Parques cependant leur ont donné des droits sur

les jours des faibles mortels, *et* les Romains en font
l'épreuve. **Mm.**

> On t'a ferré de neuf, *et si* tu veux m'en croire
> Tu l'étendras tout plat. VIII, 17.

Les plaisirs médiocres sont les plus durables, *et* le
dégoût suit de près les grandes voluptés. **Cc.**

Sans doute l'infâme roi du Nil attend le vainqueur
pour lui offrir la tête de Pompée, *et* il la garde pour
attester son crime. **Mm.**

J'ai vu de lâches meurtriers déchirer le sein de mon
père, *et* ne pouvant me persuader que le tyran de l'É-
gypte eût pris sur lui cet attentat je croyais que César
nous y avait devancés. **Mm.**

> J'étais couché mollement,
> *Et* contre mon ordinaire
> Je dormais tranquillement... **LF.**

> On dit encore que ce jour
> Devint le plus beau de sa vie,
> *Et* que plus d'un grand de la cour
> A son bonheur portait envie. ....

L'ellipse n'occasione pas l'application de la virgule
dans cette sorte d'exemple :

> L'intégrité paraît une équité sans tache, *et* la justice
> une équité pratique. **Vv.**

mais l'ellipse qui rapproche des mots qui offrent un
faux rapport grammatical est marquée par la virgule:

> L'austérité est une haine des plaisirs, *et* la sévérité,
> des vices. **Vv.**

la virgule après *sévérité* est mise pour l'ellipse *(est
une haine)* et indique que *des vices* est l'adjectif logique de *haine.*

On doit comprendre dans la même catégorie le
sens total de deux propositions liées par *et* lorsqu'il
s'y trouve une ou plusieurs phrases incidentes :

> Nous invoquons souvent le sommeil, *et* nous crai-
> gnons la mort, *qui n'est rien de plus.* **Sh.**

L'ignorant qui entend un philosophe traiter avec
mépris l'esprit et la doctrine d'un autre regarde comme
supériorité de talent ce qui n'est qu'un orgueil outré,
et il juge que la victoire est pour le parti dont l'artillerie retentit le plus dans les airs, *quoique le vent emporte*
toute la décharge. Fj.

quoique le vent.... est une véritable phrase incidente
parce qu'elle n'est qu'une explication pour le lecteur, car l'ignorant *juge* sans connaître l'effet qu'indique cette explication; si l'ignorant jugeait ayant
égard à cette circonstance postérieure la phrase incidente ne serait que l'adverbe logique inséparable
de *juge.*

> Je ne l'ai pas mauvais aussi,
> *Dit l'autre,* et je l'ai vue avant vous, *sur ma vie.*   IX, 9.

M... a très-peu senti sa dernière maladie, *qui n'était*
qu'un affaiblissement graduel, et il n'a pas du tout senti
sa mort, *qui n'en a été que le dernier degré.* ....

Jamais deux royaumes n'ont lutté ensemble que le
sang n'ait coulé à grands flots, *et* chaque goutte de
sang innocent crie malédiction et demande vengeance
contre l'homme dont l'injustice affile l'épée et qui exer-
ce de si horribles ravages sur la vie des mortels, *déjà si*
malheureuse et si courte. Sh.

> Tant fut sifflé qu'à l'unisson
> Sifflaient et parterre et théâtre,
> *Et* le souffleur oyant cela,
> *Oubliant de souffler,* siffla. ....

Le sens total de plusieurs propositions ou énonciations non liées grammaticalement est nécessairement
divisé par la virgule à leur point de jonction :

L'esprit humain n'a point de bornes, il s'étend à mesure que l'univers se déploie.   B

Le gouvernement politique ne sonde pas les cœurs,
il ne pèse que les actions.   O

Les grands ont assez d'amis, sois celui des pauvres. ...

L'étendue des idées produit la richesse du style, une belle pensée fait rejaillir son éclat sur l'expression. Cc.

L'honneur est comme une île escarpée et sans bords,
On n'y peut plus rentrer dès qu'on en est dehors. Bl.

Ses feuilles ne sont pas le vain jouet du vent,
Avec trois *moniteurs* on fait un paravent. Bq.

La vertu est la fille de la raison et de la vérité, l'erreur et l'ignorance sont mères de tous les vices. ....

Le Poussin est mort pauvre après avoir peint *le Déluge* et *la Femme adultère*, Boucher a fait fortune à peindre des dessus de porte. J.

Tous les gueux què la fortune enrichit brusquement deviennent avares ou prodigues, c'est la règle. Ls.

L'homme est de glace aux vérités,
Il est de feu pour ses mensonges. IX, 6.

Alléguez la beauté, la vertu, la jeunesse,
La mort ravit tout sans pudeur. VIII, 1.

Qu'on tempère comme on voudra la souveraineté dans un état, nulle loi n'est capable d'empêcher un tyran d'abuser de l'autorité de son emploi. Vv.

La méchanceté suppose un goût à faire du mal, la malignité une méchanceté cachée, la noirceur une méchanceté profonde. Vv.

La sincérité me paraît l'expression de la vérité, la franchise une sincérité sans voile, la candeur une sincérité douee, l'ingénuité une sincérité innocente, l'innocence une pureté sans tache. Vv.

L'imposture est le masque de la vérité, la fausseté une imposture naturelle, la dissimulation une imposture réfléchie, la fourberie une imposture qui veut nuire, la duplicité une imposture qui a deux faces. Vv.

La libéralité est une branche de la générosité, la bonté un goût à faire du bien et à pardonner le mal, la clémence une bonté envers nos ennemis. Vv.

La virgule sépare même les propositions énumérées dont le point de jonction est marqué par *et :*

Je suis venu, j'ai vu, *et* j'ai vaincu. **Cs.**

La gloire des conquérants a toujours été combattue, les peuples en ont toujours souffert, *et* ils l'ont toujours respectée. **Vv.**

Jupiter-Ammon est pauvre, son temple est pur, il y garde inviolablement la simplicité de son premier culte, *et* depuis tant de siècles il se défend encore du luxe de l'Asie et de l'or des Romains. **Mm.**

Corneille a éminemment la force, Boileau la justesse, La Fontaine la naïveté, Chaulieu les grâces, et l'ingénieux Molière les saillies et la vive imitation des mœurs, Racine la dignité de l'éloquence. **Vv.**

Elle sépare aussi les propositions logiques dont la liaison est indiquée grammaticalement de toute autre manière que par *et :*

L'on fait avec les mêmes lumières des discours bons et mauvais, *comme* l'on construit des palais magnifiques et des cabanes de paysan avec les mêmes matériaux. **Fj.**

Malesherbes commença par de grandes actions sa vie, *qui* devait en offrir une si longue suite. ....

Il en est des hommes comme des corps sonores, *qui* font un plus grand bruit quand ils sont creux. **Fj.**

La chaleur de leur corps attire les serpents, *que* saisit la fraîcheur des nuits. **Mm.**

On appelle pâte de guimauve une préparation pharmaceutique propre à adoucir la toux, *quand* il n'entre pas de guimauve dans cette préparation! ....

Le Syrien quitte les bords de l'Oronte, l'Iduméen ses champs ombragés de palmes, le Phénicien les murs de Damas et de Gaza, de Tyr et de Sidon, *qu'*enrichit la pourpre. **Mm.**

Le dieu dont la trompe fait retentir tous les rivages

de la mer se plaît, dit-on, dans ce lac paisible, *qui* n'est pas moins cher à Pallas. M*m*.

Si César vertueux peut lui fournir un trait il peindra César vertueux, *sinon* il fera voir que toute sa fortune n'a été qu'un coup du hasard. V*v*.

La virgule suffit à la séparation de deux propositions dont la conjonction adversative *mais* marque la liaison, quand même la virgule serait appliquée ailleurs:

La mort est devant, *mais* la honte est derrière. C*tn*.

Tout cela c'est la mer à boire,
Mais rien à l'homme ne suffit. VIII, 25.

Les gens du monde ne s'entretiennent pas de si petites choses que le peuple, *mais* le peuple ne s'occupe pas de choses si frivoles que les gens du monde. V*v*.

Les plus petites oreilles sont à ce qu'on prétend lès plus jolies, *mais* les plus grandes et qui sont en même temps bien bordées sont celles qui entendent le mieux. B.

Dans toutes les choses que la nature ou la fortune accorde aux hommes je verrai sans peine qu'on l'emporte sur moi, *mais* dans ce qui dépend de nous-mêmes il m'en coûterait beaucoup de me voir surpassé. C*c*.

Respecte en lui, non le vainqueur du monde, non celui que le Capitole a vu trois fois traînant les rois après son char, non le vainqueur de Rome et du sénat, non le gendre de César enfin, *mais,* ce qui doit suffire à un roi, respecte un Romain dans Pompée. M*m*.

Elle suffit surtout dans un sens total où la grammaire elle-même a soin de marquer par leurs débuts la liaison de deux sens complets comparés:

De même que l'art pratique est antérieur aux théories, que la matière existe avant l'ouvrage, et l'objet

7

avant la copie ou la représentation avant l'objet, *et* *s*
même aussi l'art de parler existe et doit être appris avant
la science de la langue. ....

De même qu'on voit descendre de l'Apennin plusieurs
fleuves, dont les uns se jettent dans la mer Ionienne,
remplie de ports et de rades, et les autres dans la mer
de Toscane, infestée de bancs et d'écueils, dont Ulysse
lui-même n'aurait pu se garantir, *de même* la doctrine
des anciens sages a partagé son cours en deux bran-
ches, celle des philosophes, qui cherchent le repos et
la tranquillité, et celle des orateurs, qui s'exercent dans
une carrière orageuse. Cc.

Enfin, le sens total suivant me paraît être très-
perceptible au moyen de la simple virgule, car elle
laisse subsister matériellement l'étroite relation qui
règne entre les sens complets:

Si l'on écrit comme l'on pense, si l'on est convaincu de ce que l'on veut persuader, cette bonne foi avec
soi-même, qui fait la bienséance pour les autres et la
vérité du style, lui (à l'écrivain) fera produire tout
son effet, pourvu que cette persuasion intérieure ne
se marque pas par un enthousiasme trop fort, et qu'il
y ait partout plus de candeur que de confiance, plus
de raison que de chaleur. B.

La classification que j'ai adoptée dans cette section me semble renfermer la plupart des manières
d'énoncer les propositions ou énonciations logiques
selon les diverses constructions admises, et suffire à
développer progressivement et à fixer l'usage spécial
de la virgule.

Je pense avoir prouvé que si elle est inutile dans,

　　La terre est ronde,

fondé sur ce que le sujet *(la terre)* et l'attribut
(est ronde) présentent deux sens partiels indivisi-

biles , par une conséquence inévitable il faut écrire aussi sans virgule,

L'homme puissant et ambitieux abuse souvent de son influence sur la multitude,

car le sujet *(l'homme puissant et ambitieux)* et l'attribut *(abuse souvent de son influence sur la multitude)* de cette proposition ont en logique un résultat aussi simple et partant non moins intime, non moins indivisible, que le sujet et l'attribut de la proposition précédente.

Dans le langage écrit le ponctuateur ne peut donc avoir nul égard à l'étendue de l'expression des sens partiels ou des sens complets, mais il doit considérer uniquement le rôle réciproque et relatif que les mots ou assemblages de mots jouent entre eux, et cela sans faire aucune distinction entre un nom, un adjectif, un adverbe, grammatical, et leurs équivalents logiques : ainsi il verra dans cette manière de s'exprimer,

Aimer à obliger et à faire du bien est une belle qualité,

les mêmes sens partiels indivisibles et le même sens logique intime que dans cette autre expression,

La bienfaisance est une belle qualité,

parce que le sens partiel *aimer à obliger et à faire du bien* équivaut logiquement au sens partiel *la bienfaisance;* s'il trouve que cette énonciation,

Respectons une nourrice,

ne saurait comporter l'insertion de la virgule, il la jugera aussi inutile dans le même sens différemment exprimé,

Respectons une femme qui donne à téter à un enfant et qui prend soin de la première enfance,

parce que le sens partiel énoncé par *une femme qui*

donne à téter à un enfant et qui prend soin de la pre-
mière enfance est l'équivalent logique précis de *une*
nourrice.

Le ponctuateur reconnaîtra la propriété exclusive
qu'a la virgule de subdiviser les sens partiels qui
ont plusieurs modificatifs indépendants, on de mettre hors de contact certains mots ou assemblages de
mots dont le contact immédiat fausserait la nette
perception du sens complet.

Ainsi s'il n'applique pas la virgule entre les deux
adjectifs dans cette phrase,

Les eaux minérales artificielles,

parce que *minérales* et *artificielles* ne sont pas deux
modificatifs indépendants, *artificielles* déterminant
la réunion des mots *eaux minérales,* il appliquera ce
signe de division entre les verbes de cette proposition du poète Lebrun,

L'air avec nous respire, agit, voit, parle, écoute,

parce que ces verbes ne se modifient pas l'un l'autre
ni les uns les autres, c'est-à-dire que chacun d'eux
se rapporte d'une manière tout à fait indépendante
à *l'air avec nous;* par une raison analogue il jugera
que la virgule suffit à la division du sujet grammatical multiple de cette charmante fable, qui ne forme qu'une seule proposition logique malgré l'étendue de son expression, et qu'une intelligence très-
ordinaire percevrait distinctement même sans le secours de la ponctuation:

Sans amis comme sans famille
Ici-bas vivre en étranger,
Se retirer dans sa coquille
Au signal du moindre danger,
S'aimer d'une amitié sans bornes,
De soi seul emplir sa maison,
En sortir suivant la saison
Pour faire à son prochain les cornes,

Signaler ses pas destructeurs
Par les traces les plus impures,
Outrager les plus tendres fleurs
Par ses baisers ou ses morsures,
Enfin chez soi comme en prison
Vieillir de jour en jour plus triste,
C'est l'histoire de l'égoïste
Et celle du colimaçon. ....

Il jugera de même à l'égard de cette proposition logique extraite du *Petit-Carême* de l'illustre orateur
chrétien Massillon:

La religion, la piété envers Dieu, la fidélité à tous
les devoirs qu'il nous impose à l'égard des autres et de
nous-mêmes, une conscience pure et à l'épreuve de
tout, un cœur qui marche droit dans la justice et dans
la vérité, supérieur à tous les obstacles qui pourraient
l'arrêter, insensible à tous les attraits rassemblés autour
de lui pour le corrompre, élevé au-dessus de tout ce
qui se passe, et soumis à Dieu seul, voilà la véritable
gloire et la base de tout ce qui fait les grands hommes.

Ainsi il mettra hors de contact *face d'une* dans,

Le regard de Méduse frappait tous ceux qui la
voyaient en face, d'une mort qu'ils n'avaient le temps
ni de craindre ni de sentir,

car *en face d'une mort* en contact fausserait la juste
perception en faisant momentanément croire qu'il
est question de *Méduse vue en face d'une mort* per-
sonnifiée, tandis que *d'une mort qu'ils n'avaient le
temps*..... est le complément exclusif de *frappait*.

Ainsi il mettra également hors de contact la répétition logique ou variante grammaticale dans ces vers
de Malherbe,

Et rose elle a vécu ce que vivent les roses,
L'espace d'un matin,

car il y a certainement un pléonasme logique dans
ces deux sens partiels, *ce que vivent les roses, l'espace
d'un matin.*

Enfin, il mettra encore hors de contact l'exposition par laquelle débutent beaucoup de propositions,
comme,

L'alarme une fois donnée, la terreur se répand,
parce que cette phrase synthétique ou elliptique modifie le sens complet de la proposition, *la terreur se
répand*, et non particulièrement le sujet ou l'attribut.

Après avoir parcouru toutes les propositions ou
énonciations pour ainsi dire *typiques* dont les sens
partiels peuvent se passer de l'application de la virgule, et celles dont les sens partiels réclament ce signe de division, soit pour leur énumération propre
ou pour celle de leurs modificatifs indépendants,
soit pour leur mise hors de contact afin d'éviter une
perception erronée, on jugera sans doute avec moi
que la virgule remplit des fonctions analogues dans
beaucoup de cas et peut suffire souvent à la division
du sens total exprimé par la réunion d'une ou de plusieurs propositions logiques avec une ou plusieurs
phrases incidentes : ainsi, de même que les deux sens,
partiels sont isolés par la virgule dans cette proposition de Cicéron,

Speusippe, fils d'une sœur de Platon, Xénocrate,
disciple de ce dernier, Polémon et Crantor, élèves de
Xénocrate, se rapprochent par les principes d'Aristote, disciple de Platon;

de même encore que la phrase incidente et ses modificatifs indépendants sont également isolés dans
cette proposition logique qui les contient,

Les véritables amis de la justice, ceux qui la veulent telle que l'humanité et la raison l'avouent, forte
mais protectrice, étendue mais limitée par les lois,
menaçante pour qui l'attaque, inoffensive pour qui la
respecte, considèrent avec effroi à quels efforts elle se-

rait réduite si les hommes qui réclament le pouvoir du
ton dont la vengeance demande un glaive parvenaient
à s'en emparer, ...

de même aussi la virgule suffit à la division du sens
total à l'expression duquel coopèrent deux propositions dont chaque verbe est déterminé par un même
adverbe logique suivi d'une variante qui contient une
phrase incidente:

> Quand on eut du palais de ces filles du ciel
> Enlevé l'ambrosie en leurs chambres enclose,
>   Ou, pour dire en français la chose,
>   Après que les ruches sans miel
> N'eurent plus que la cire, on fit mainte bougie,
> Maint cierge aussi fut façonné.   IX, 12.

Les deux premiers vers forment l'adverbe logique
des verbes *on fit* et *fut façonné* exprimés dans les
vers pénultième et dernier; *ou après que les ruches
sans miel n'eurent plus que la cire* est la répétition
ou la variante de l'adverbe logique, isolée par la virgule, variante dans laquelle la phrase incidente, *pour
dire en français la chose*, est aussi mise hors de contact : *on fit mainte bougie* serait donc en contact
avec l'adverbe logique si cet adverbe n'était suivi
d'une variante, mais les deux propositions *on fit
mainte bougie, maint cierge aussi fut façonné*, ne
seraient toujours séparées que par la virgule parce
qu'un signe plus fort détournerait l'esprit du lecteur
d'adapter l'adverbe logique au verbe de la proposition finale.

Cette section embrasse spécialement tous les divers sens dont l'expression grammaticale ne réclame
pas l'application intérieure de la virgule pour leur
perception, et ceux dont l'expression ne réclame
que son application unique ou réitérée; les sections
suivantes offriront l'application des autres signes de
division concurremment avec la virgule,

SECTION II.

Du Point-Virgule.

La force du point-virgule lui assigne naturellement sa place après la virgule; aussi celui-là vient-il au secours de celle-ci dans le sens d'une proposition logique même, comme dans les citations suivantes:

L'Histoire d'Autriche par M. Delaborde [, écrite d'un style grave et sévère ; consacrée à la vérité, au bien public, à un examen raisonné de l'état de la civilisation, tour-à-tour stationnaire, progressive, et quelquefois rétrograde, mais qui finit toujours par triompher de tous les obstacles ; appuyée sur une observation rigoureuse des faits, des hommes, des institutions, sur des témoignages authentiques, sur de nombreuses autorités, toujours citées avec soin, sur d'anciens monuments judicieusement appréciés,] n'a rien de commun avec.... ....

La portion du discours que j'ai renfermée entre deux crochets, incidente dans cette proposition, est composée de trois phrases incidentes qu'il a fallu séparer par le point-virgule parce que la deuxième *(consacrée à......)* et la troisième *(appuyée sur......)* ont chacune divers modificatifs indépendants nécessairement mis hors de contact par la virgule; on remarquera que *stationnaire* et *progressive* modifient incidemment aussi *civilisation,* et qu'avant l'expression de l'attribut *(n'a rien de......)* on aurait substitué le point-virgule à la virgule si cet attribut débutait par cette sorte de locution, *cette histoire, disons-nous, n'a rien de...,* espèce de répétition assez ordinaire dans des propositions aussi compliquées.

La Sorbonne et le parlement, qui ne vivaient pas en très-bonne intelligence, furent d'intelligence pour proscrire la découverte de la circulation du sang par des hérétiques; pour proscrire le quinquina et l'émétique, quoiqu'ils eussent guéri un de nos rois; pour proscrire et condamner à mort tout dialecticien qui penserait autrement qu'Aristote; pour proscrire les inventeurs de l'imprimerie, qui furent déclarés sorciers; pour proscrire et condamner en 1477 à être pendu quiconque ayant contracté le mal d'Amérique ne sortirait pas de la ville sous vingt-quatre heures; enfin pour proscrire l'inoculation, et condamner en ce monde et en l'autre quiconque se porterait bien après s'être mis à l'abri des suites au moins désagréables du mal de l'Arabie. ....

Voilà une proposition dont l'attribut multiple est divisé par le point-virgule parce qu'entre le sujet *(la Sorbonne et le parlement)* et le premier verbe *(furent)* il y a une proposition grammaticale incidente détachée par la virgule, et que la plupart des compléments de *furent d'intelligence* sont eux-mêmes aussi ponctués par la virgule pour mettre hors de contact des phrases incidentes ou pour un autre motif.

On ne peut rien apprendre à l'ignorance, qui ne sait pas écouter; à la mauvaise foi, qui ne le veut pas; au désir de nuire, pour qui tous les moyens sont bons.
....

Il y avait un art pour deviner par la tête d'un âne, et on le nommait céphaléomance; un autre appelé tyriscomantie, par le fromage; un autre nommé sycomance, par les figues; un autre sous le nom d'agomance, par l'inspection des chèvres. Fr.

Les trois derniers compléments de *il y avait* sont divisés par le point-virgule, uniquement parce que

8

l'ellipse de *pour deviner* y nécessite l'insertion de la virgule afin de mettre hors de contact *appelé tyriscomantie par*, *nommé sycomance par,* etc.

Le point-virgule vient également au secours de la virgule dans un sens total exprimé par une réunion de propositions ou énonciations logiques :

A Rome, à Sparte, à Athènes, l'amour de la patrie était le premier devoir ; chez un peuple corrompu c'est une vertu ; dans un pays despotique c'est une sottise.

.....

Ici c'est parce que la virgule sert à mettre hors de contact les adverbes logiques de la première proposition, qu'il a fallu substituer à ce signe le point-virgule pour la séparation des deux propositions subséquentes.

L'activité naît d'une force inquiète ; la paresse, d'une impuissance paisible. Vv.

Restituez le verbe *(naît)* sous-entendu par ellipse dans la proposition finale, et la virgule après *paresse* devra disparaître et être substituée au point-virgule qui sépare les deux propositions ; de même dans cet autre exemple :

La noblesse est la préférence de l'honneur à l'intérêt ; la bassesse, la préférence de l'intérêt à l'honneur.'
Vv.

Le point-virgule divise le sens complet formé par plusieurs propositions logiques non liées grammaticalement, que ces propositions elles-mêmes ne soient pas divisées par la virgule ou qu'elles comportent ce signe ; en effet, dans ce sens total,

On désire les richesses pour satisfaire aux besoins et aux plaisirs ; les âmes plus élevées les estiment comme des moyens d'obliger et d'acquérir de la considération. Cc.

liez la seconde proposition à la première par la conjonction adversative *mais*, et cette ligature y fera
substituer la virgule au point-virgule, ainsi que dans
les citations suivantes:

Les faibles veulent dépendre afin d'être protégés;
ceux qui craignent les hommes aiment les lois. Vv.

Quant la rivalité dégénère en haine elle ne produit
que des malheurs; c'est lorsqu'elle porte à une noble
émulation qu'elle devient utile à l'humanité. ....

Faire en toute chose ce qui convient c'est le propre
de l'art joint à la nature; découvrir et apprécier les
bienséances c'est l'effet du jugement et de la prudence.
Cc.

Si j'ai fait quelque chose de bien ce bien sera mon
monument; si je n'ai pas mérité de la patrie, toutes les
statues du monde ne sauraient illustrer ma mémoire.
Ag.

La nature ne va jamais par sauts; tout est gradué,
nuancé. B.

On rougit dans la honte, la colère, l'orgueil, la joie;
on pâlit dans la crainte, l'effroi, et la tristesse. B.

La nature donne la force du génie, la trempe du caractère, et le moule du cœur; l'éducation ne fait que
modifier le tout. B.

Cependant le point-virgule est indispensable dans
la division du sens total qui résulte de deux propositions logiques compliquées dans leur expression,
quoiqu'elles soient liées par une conjonction:

Toutes les fois qu'on prononce le mot d'union il y a
des gens qui sont tentés de s'irriter; *néanmoins* combien est-il de personnes vraiment honnêtes pour qui
cette union si désirée est une condition de leur bonheur propre? ....

Dans la colère ou le délire de toute autre passion outrager injustement son concitoyen c'est rompre autant

qu'il est en soi le pacte social; *et* celui qui pouvant
défendre un opprimé ne le fait pas se rend coupable
d'une faute de même genre que s'il abandonnait sa famille, ses enfants, sa patrie. Cc.

Soit vivacité, soit hauteur, soit avarice, il n'y a
point d'homme qui ne porte dans son caractère une
occasion continuelle de faire des fautes; *et* si elles sont
sans conséquence c'est à la fortune qu'il le doit. Vv.

Dans l'homme la physionomie et la figure du corps
ne décident pas de la forme de l'âme; *mais* dans les animaux on peut juger du naturel par la mine et de tout
l'intérieur par ce qui paraît au dehors. B.

A plus forte raison le point-virgule sera nécessaire pour séparer le sens total de deux propositions
opposées l'une à l'autre et accompagnées de phrases
incidentes ou d'autres assemblages de mots mis hors
de contact par la virgule:

En 1704, époque qui vit enlever à la fois Bossuet et
Bourdaloue, Massillon prêcha un carême à la cour avec
un tel succès que Louis XIV lui déclara qu'il voulait
l'entendre tous les deux ans; *mais* quoique désormais
sans égal, soit par un effet de la malveillance, soit par
un effet de l'intrigue, il ne reparut plus dans la chaire
de Versailles durant les dernières années du règne de
Louis XIV. O.

Je rappellerais bien quels ont été les funestes effets
de la discorde, comme elle a porté à tant de reprises
l'affliction dans les familles, la désolation dans les provinces, la confusion dans le royaume, comme elle a
entretenu les mésintelligences, armé et blessé tous les
partis, nourri et renouvelé le despotisme, ranimé l'a-
narchie, renversé l'un sur l'autre tous les gouvernements, faibles ou forts, imprudents ou timides; *mais*
s'il fallait dire quel bien la discorde a opéré, quels pé-
rils elle a détournés, quels désastres elle a prévenus,

non, dans cette longue et lamentable histoire des évé-
nemens qui se sont accumulés sous son influence je ne
trouverais pas un seul fait à citer.   ....

[*Je rappellerais bien* a trois compléments *(quels ont
été...., comme elle a porté...., comme elle a entretenu....)* qui ne sont séparés que par la virgule quoique le deuxième et le troisième aient à leur tour
des compléments séparés par le même signe : si l'on
avait séparé les trois compléments de *je rappellerais
bien* par le point-virgule, ce dont dispense la clarté
qui résulte du début de leur expression, il aurait
aussi fallu par progression faire usage du *point* pour
marquer la jonction des deux sens que l'auteur oppose l'un à l'autre, signe dont la force n'eût pas été
d'accord avec l'étroite liaison qui règne dans le sens
total.]

A plus forte raison encore le point-virgule indi-
quera-t-il la coupe de deux sens opposés, si l'un des
deux est exprimé ou si tous les deux sont énoncés
par plusieurs propositions logiques :

Pompée t'apprendra ce que tu dois savoir, il est pour
toi le plus sûr des oracles ; *mais*, hélas ! il ne saura lui-
même où t'envoyer, d'où t'éloigner. Mᴍ.

[Les deux propositions qui forment le premier sens
ne sont séparées que par la virgule parce que logiquement elles sont aussi liées que si la conjonction
car marquait cette liaison *(... tu dois savoir,* ᴄᴀʀ *il
est....),* et qu'au surplus l'emploi de ce signe permet, comme dans l'exemple précédent, de marquer
par le point-virgule la jonction des deux sens principaux opposés.]

Nos prédécesseurs se sont plaints, nous nous plai-
gnons, et ceux qui viendront après nous se plaindront
aussi, que les mœurs sont corrompues, que le vice est
en règne, et que le monde dépérit de jour en jour ;

mais si l'on y fait attention les vices sont toujours dans
le même état, si ce n'est que semblables aux vagues
de la mer ils se heurtent de temps en temps les uns
contre les autres. Fɪ.

[*si ce n'est que*..... est le début de la deuxième des
deux propositions logiques qui forment le sens opposé au premier.]

Une sotte physionomie est celle qui n'exprime que
la complexion, comme un tempérament robuste ; *mais*
il ne faut jamais juger sur la physionomie, car il y a
tant de traits mâles sur le visage et dans le main-
tien des hommes que cela peut souvent confondre,
sans parler des accidents qui défigurent les traits naturels et qui empêchent que l'âme ne s'y manifeste, comme la petite-vérole, la maigreur, etc. Vv.

(car il y a.... *et sans parler des*.... sont la deuxième et la troisième proposition des sens opposés.)

Le point-virgule sépare aussi deux sens dont l'un
ou l'autre ou tous deux sont exprimés par une ou
plusieurs énonciations ou propositions logiques, et
dont le dernier forme comme l'appendice, la conséquence, la dépendance, ou la comparaison, du premier :

> Formez trois souhaits, car je puis
> Rendre trois souhaits accomplis ;
> Trois sans plus.   VII, 6.

(*Trois sans plus* est une proposition elliptique.)

Allez, oubliez devant le roi femme et enfants ; perdez tout hors l'honneur. Aɢs.

(Il n'y a pas de pléonasme logique dans « Perdez
tout hors l'honneur; » *hors l'honneur* est l'adverbe
logique qui détermine *perdez.)*

Consacrer à la bienfaisance et à la générosité, surtout envers les hommes de mérite, plutôt qu'au luxe
et aux plaisirs des sens, des richesses bien acquises,

sans moyens vils ou odieux, et augmentées par le travail, l'intelligence, et l'économie, c'est réunir la magnificence à la simplicité, la dignité à la franchise, la probité à la fortune **;** c'est mériter véritablement d'être appelé l'ami des hommes. Cc.

La même infamie qui punit la perfidie et la révolte devrait être destinée à l'adulation **;** la sûreté publique doit suppléer aux lois qui ont omis de la compter parmi les grands crimes auxquels elles décernent des supplices, car il est aussi criminel d'attenter à la bonne foi des princes qu'à leur personne sacrée, de manquer à leur égard de vérité que de fidélité. O.

L'un se mit sur le dos, prit l'œuf entre ses bras **;**
Puis malgré quelques heurts et quelques mauvais pas
L'autre le traîna par la queue. X, 1.

[Le point - virgule est appliqué avant *puis* parce que cet adverbe ne modifie aucune expression du premier vers, mais bien le pronom *l'autre* énoncé seulement dans le troisième, dont le verbe *traîna* est aussi modifié par l'adverbe logique *(malgré quelques heurts et quelques mauvais pas)* contenu dans le deuxième vers; la virgule pourrait être substituée très-convenablement au point-virgule si, conformément à la construction naturelle, le pronom suivait immédiatement l'adverbe: *Puis l'autre le traîna...*]

Rien n'est beau que le vrai, le vrai seul est aimable **;**
Il doit régner partout, et même dans la fable. Bl.

Soleil, sois roi de l'univers **;**
Dans un cercle enfermé, brille, échauffe, féconde,
Mais marche libre dans les airs. ....

Notre Code de procédure civile est en 1042 articles, pendant que celui de Berne n'en a que 342 **;** le nôtre est sans doute plus complet et meilleur à quelques égards, parce qu'il contient beaucoup plus de dispositions. ....

On obéissait à Bonaparte, ne cessons de le répéter, parce qu'il donnait de la gloire militaire à la France; que ce fût bon ou mauvais, c'était un fait clair et sans mensonge, Sᴌ.

L'approbation des hommes ne doit pas nous être indifférente, je ne dis pas seulement celle des plus gens de bien, mais aussi celle des autres; ne pas en faire cas c'est une preuve d'orgueil et même d'un cœur corrompu. Cc.

> Rien ne pèse tant qu'un secret;
> Le porter loin est difficile aux dames,
> Et je sais même sur ce fait
> Bon nombre d'hommes qui sont femmes. VIII, 6,

> . . . . , ... Ta justice
> C'est ton utilité, ton plaisir, ton caprice;
> Selon ces lois condamne-moi,
> Mais trouve bon qu'avec franchise
> En mourant au moins je te dise
> Que le symbole des ingrats
> Ce n'est point le serpent, c'est l'homme. . . . . . X, 2,

> , ... Je rendrais mon ouvrage
> Capable de sentir, juger, rien davantage,
> Et juger imparfaitement,
> Sans qu'un singe jamais fît le moindre argument;
> A l'égard de nous autres hommes,
> Je ferais notre lot infiniment plus fort.   X, 1,

> Quand la perdrix
> Voit ses petits
> En danger, et n'ayant qu'une plume nouvelle
> Qui ne peut fuir encor par les airs le trépas,
> Elle fait la blessée, et va traînant de l'aile,
> Attirant le chasseur et le chien sur ses pas,
> Détourne le danger, sauve ainsi sa famille;
> Et puis quand le chasseur croit que son chien la pille
> Elle lui dit adieu, prend sa volée, et rit
> De l'homme qui, confus, des yeux en vain la suit.   X, 1.

Dans le dessein généreux où vous êtes de vous dévouer tout entier au public (a dit le chancelier Bacon

à Villiers, alors futur ministre) il est une chose importante que je crois devoir principalement vous recom-
mander, c'est de protéger et d'encourager de toute votre puissance les vertus et les talents partout où ils se
rencontreront réunis; l'inobservation de cette maxime, que je n'ai point encore vu pratiquer, est ce qui a
le plus retardé le bonheur public. Bc.

On admire la douceur d'Isocrate, la justesse de Ly-
sias, la pénétration d'Hypéride, l'éclat d'Eschine, et
la force de Démosthènes; on admire la sublimité dans
Scipion l'Africain, la douceur dans Lélius, la véhé-
mence dans Galba, l'abondance et l'harmonie dans
Carbon. Cc.

C'était alors la disette des vivres qui donnait la mort,
c'est l'abondance qui nous tue aujourd'hui; on s'em-
poisonnait par ignorance, nous nous empoisonnons à
force d'art. Lc.

Enfin, le point-virgule s'applique autant de fois
que dans une période il y a de sens dont un seul ou
plusieurs sont subdivisés par la virgule:

Quoiqu'il n'eût guère vu d'autres gens qu'un ermite,
Son troupeau, ses mâtins, le loup, et puis c'est tout,
Il avait du bon sens; le reste vient ensuite;
    Bref, il en vint fort bien à bout. X, 10.

Ni le père de Méduse, ni sa mère, Céto, ni ses sœurs,
les Gorgones, ne peuvent la regarder; aucun des animaux ne soutient sa vue; les serpents mêmes de sa tête se replient en arrière pour éviter son aspect. Mm.

Le vieux soldat qui fumait à la porte de Frédéric II
suffisait pour le faire respecter de toute l'Europe; certainement Bonaparte avait assez de talents militaires
pour obtenir le même résultat par les mêmes moyens,
mais il ne lui suffisait pas d'être le maître, il voulait
encore être le tyran, et pour opprimer l'Europe et la
France il fallait avoir recours à tous les moyens qui

9

avilissent l'espèce humaine; aussi le malheureux n'y a-t-il que trop bien réussi. SL.

L'on sera sûrement convaincu par tous les exemples de cette section que l'application du point-virgule n'est pas, non plus que celle de la virgule, déterminée par l'étendue de l'expression d'un sens total; voici au surplus une proposition logique exprimée par un plus grand nombre de mots qu'il n'y en a dans aucune des citations précédentes:

Avoir parcouru l'un et l'autre hémisphère, traversé les continents et les mers, surmonté les sommets sourcilleux de ces montagnes embrasées où des glaces éternelles bravent également et les feux souterrains et les ardeurs du Midi; s'être livré à la pente précipitée de ces cataractes écumantes dont les eaux suspendues semblent moins rouler sur la terre que descendre des nues; avoir pénétré dans ces vastes déserts, dans ces solitudes immenses, où l'on trouve à peine quelques vestiges de l'homme, où la nature accoutumée au plus profond silence doit être étonnée de s'entendre interroger pour la première fois; avoir plus fait, en un mot, par le seul motif de la gloire des lettres que l'on ne fit jamais par la soif de l'or, voilà ce que connaît de vous (M. de Lacondamine) l'Europe et ce que dira la postérité. B.

Cette proposition a quatre noms logiques pour son sujet multiple, *avoir parcouru....*, *s'être livré....*, *avoir pénétré...*, *avoir plus fait....*, dont les diverses jonctions sont marquées par le point-virgule parce que le premier, le troisième, et le quatrième, ont reçu plus ou moins de fois la virgule; et le dernier n'est séparé que par la virgule de l'expression de l'attribut parce que son début (la préposition *voilà)* dispense d'y faire usage du point-virgule.

Dans la section suivante on verra le point-virgule en rapport avec le deux-points.

SECTION III.

Du Deux-Points.

Le deux-points ne peut venir au secours ni de la virgule ni du point-virgule; son rôle unique consiste à marquer une liaison indissoluble entre les sens dont il indique la jonction; son application la moins équivoque a lieu entre une citation et l'assemblage de mots qui annonce cette citation, comme ci-après, où les verbes en italique provoquent explicitement l'usage du deux-points:

Un jour que M. le marquis de F. insistait auprès d'un souverain pour faire admettre dans un corps savant un grand seigneur sans titre, le prince impatienté lui *répondit* : « Laissez-nous au moins la république des lettres. »

Ainsi Dieu *s'écria* quand il conçut le monde:
Soleil, sois roi de l'univers, etc.

Les Chinois *disent* proverbialement : Si un prince veut être respecté de ses voisins qu'il veille sur ses frontières, s'il veut être bien servi sur ses frontières qu'il veille sur ses provinces, s'il veut être bien obéi dans ses provinces qu'il gouverne sa capitale, s'il veut être le maître dans sa capitale qu'il règne sur sa cour, s'il veut régner sur sa cour qu'il conduise sa famille, s'il veut régir sa famille qu'il soit le maître de sa propre personne. ....

L'éloge d'un souverain sera suffisamment grand, quoique simple, si l'on peut *prononcer* comme une vérité reconnue : Notre roi veut le bien et désire d'être aimé. B.

Cependant lorsque le discours qu'on rapporte est

court la ponctuation semble contribuer à la rapidité
de la perception en substituant la virgule au deux-
points:

> L'homme, sourd à ma voix comme à celle du sage,
> Ne *dira*-t-il jamais, C'est assez, jouissons.   VIII, 25.

> .... Le chien mourant de faim
> Lui *dit*, Cher compagnon, baisse-toi, je te prie.   VIII, 17.

> Le premier se moquant, l'autre *reprit*, Tout doux,
> On le fit pour cuire vos choux.   IX, 2.

> Je m'approche toutefois
> Et de l'enfant prends les doigts,
> Les réchauffe, et dans moi-même
> Je *dis*, Pourquoi craindre tant ?
> Que peut-il ? c'est un enfant.   LF.

> J'entends *crier* partout, Au meurtre! On m'assassine!
> On, Le feu vient de prendre à la maison voisine!   BL.

Qu'est-ce en dernière analyse que les partis? des
hommes se *criant* mutuellement et à la fois, Vous a-
vez tort et j'ai raison.   ....

Lorsque je vois tel orateur, suant à grosses gouttes,
se débattre pour nous persuader ce qu'il ne croit pas
lui-même, je fuis en *disant*, J'aime mieux polichi-
nelle.   ....

On *attribue* à M. N., *Des Progrès sur la puissance
russe depuis son origine jusqu'au commencement du* 19^e
siècle par M. L****, imprimé à Paris en 1807.   ....

La substitution de la virgule au deux-points est
surtout nécessaire dans une proposition logique où
la citation est comme intercalée:

> Quand je vois tant de gens, enthousiastes par cal-
> cul, *s'écrier* à la vue d'une montagne qui accouche
> d'une souris, « O prodige, ô miracle digne de toute
> »notre admiration! » je me *dis* encore, J'aime mieux
> polichinelle.   ....

 ˉLa substitution peut être forcée, comme dans cette construction particulière:

> Mais Caton, au soldat qui lui présentait de l'eau,
> « Quoi, *dit*-il, me crois-tu le seul sans vertu!... » Mᴍ.

car le verbe *dit* est le mot qui provoquerait l'application du deux-points s'il précédait le discours rapporté, dans lequel la construction n'a pu le renfermer qu'avec l'addition du pronom *il (dit-il)* et comme phrase incidente.

On va même jusqu'à supprimer la virgule quand la citation est très-courte et différenciée par le caractère:

> Il faut bien réfléchir avant de dire *Je sais.* ....

Tous les discours cités dans les exemples ci-dessus commencent par une grande capitale par la raison que le premier mot de tout discours réel ou fictif doit commencer par une semblable lettre, et c'est un motif de plus pour se permettre soit la substitution de la virgule au deux-points, soit la suppression de la virgule; mais la capitale ne se met pas lorsque la citation énonce une vérité, un fait, dont l'expression ne peut être attribuée à tel ou tel individu:

> On l'a *dit* quelquefois, mais on ne saurait trop le *répéter* parce que cette observation n'a pas encore dépassé un nombre fort limité d'esprits : le caractère dominant du christianisme c'est l'esprit d'égalité. ....

(Sans le sens énoncé par *mais on ne saurait... parce que....* la virgule n'existerait pas dans le discours qui précède le deux-points, et dans ce cas la virgule pourrait être substituée au deux-points.)

Cabal en anglais n'est autre chose que la réunion des lettres initiales *de* cinq noms propres : Clifford, Ashley, Buckingham, Arlington, et Lauderdale, et ces noms étaient ceux des ministres dont Charles II com-

posa son conseil lorsqu'il voulut corrompre le parlement, conseil désigné par les historiens sous le nom
de *cabale*. ....

(Remarquez que la lettre capitale après le deux-points
n'est due qu'au nom propre *Clifford,* et que le deux-
points disparaîtrait sans qu'il fût nécessaire de lui
substituer la virgule si la particule *des* était mise à la
place de la préposition *de* dans la proposition initiale
de ce passage .... *lettres initiales* DES *cinq noms propres Clifford,* etc.)

Le dernier exemple ne contient avant la citation
aucun mot en italique qui provoque explicitement
l'application du deux-points; les exemples suivants
offrent au contraire cette provocation:

> Jupin pour chaque état mit *deux tables* au monde:
> L'adroit, le vigilant, et le fort, sont assis
>   A la *première*, et les petits
>   Mangent leur reste à la *seconde*.   X, 7.

Il y a *deux* sortes d'injustice : faire tort soi-même,
et ne pas en empêcher les autres quand on le peut. Cc.

Je découvre dans la même maison *deux frères,* médecins, qui font des songes bien mortifiants : *l'un* rêve
que l'on publie une ordonnance qui défend de payer
les médecins quand ils n'auront pas guéri leurs malades, et *l'autre* songe qu'il est ordonné que les médecins mèneront le deuil à l'enterrement de tous les malades qui mourront entre leurs mains. Ls.

La *sagesse* qui conçoit et dispose mérite la préférence sur la *valeur* qui exécute : *celle-ci* est le propre de
la grandeur d'âme, *celle-là* réunit la grandeur d'âme et
celle de l'esprit. Cc.

Voici quelle fut la fin de ces fameuses comédiennes
espagnoles : *l'une* creva subitement d'envie au bruit
des applaudissements du parterre au début d'une actri-
ce nouvelle, *l'autre* trouva dans l'excès de la bonne

chère l'infaillible mort qui le suit, et *la troisième* venant de s'échauffer sur la scène à jouer le rôle d'une vestale, mourut d'une fausse couche derrière le théâtre. Ls.

Par une conséquence fort juste du principe de liaison précédemment développé le deux-points s'applique dans tous les cas où la même liaison de sens n'existe que logiquement, comme dans ces vers traduits du poète anglais Pope:

> On suppose un grand homme où l'on trouve un grand titre:
> Un saint en capuchon l'est deux fois sous la mitre,
> Le commis en esprit le cède au sous-fermier,
> Un bailli n'est pas juste autant qu'un chancelier,
> Un chanoine est savant, un abbé davantage,
> Un prélat plus encor, il a tout en partage,
> Un ministre est aimé, grand, sage, *et cœtera*,
> Un roi plus grand, plus sage, et tout ce qu'on voudra.

Le premier vers exprime un jugement, et les vers subséquents offrent le développement de ses motifs; la même liaison existe dans ces autres exemples:

Le pouvoir judiciaire est le véritable lien des institutions sociales : sans lui aucun citoyen ne pourrait compter sur la libre jouissance de ses premiers droits, sur la propriété de sa personne et de ses biens. L16.

Les états ne fleurissent que par la justice : elle fait au dehors la gloire et la force des empires; c'est elle qui au dedans est la plus sûre garantie de l'honneur et de la fortune des citoyens, et le lien commun des familles. L18.

Plus le pouvoir de l'éloquence est grand, plus il doit être uni à la prudence et à la probité : sans elles le talent de la parole et les secrets de l'art deviennent des armes dangereuses confiées à des furieux. Cc.

Il est faux que l'égalité soit une loi de la nature : la nature n'a rien fait d'égal, sa loi souveraine est la subordination et la dépendance. Vv.

L'espérance vole d'une aile infatigable : d'un roi elle fait un dieu et d'un homme un roi. Sн.

Où il y a de la grandeur nous la sentons malgré
nous : la gloire des conquérants a toujours été combattue, les peuples en ont toujours souffert, et ils l'ont
toujours respectée. Vv.

Les exemples rapportés présentent l'application du
deux-points entre deux sens exclusifs avec ou sans
développement, dont le dernier sert toujours de base
ou d'explication au premier; mais le deux-points peut
réunir successivement plus de deux sens, comme, par
exemple:

On ne peut assez admirer la réponse sensée et cou-
rageuse que fit à Alexandre le pirate à qui il reprochait
sa conduite : « On me regarde comme un pirate et un
malheureux parce que je vole avec un petit vaisseau
quelques voyageurs : si j'infestais les mers avec une
armée navale je serais vanté comme un glorieux conquérant. » Fj.

[S'il est bien convenu que la réponse et le discours
qui l'amène doivent être liés par le deux-points, il
est impossible de ne pas appliquer derechef ce signe
dans la réponse même, entre la proposition affirmative *(On me regarde....)* et l'énonciation conditionnelle *(je serais vanté.... si....),* car le pirate n'exprime la proposition que pour avoir occasion de la
modifier par le sens restrictif de l'énonciation.]

Que tout le développement exprimé après le deux-
points et qui sert de base au jugement exprimé avant
ce signe, que tout ce développement, dis-je, soit
subdivisé seulement par la virgule ou alternativement par ce signe et le point-virgule, cela ne change
en rien l'application ni la valeur du deux-points:

Le préjugé du point d'honneur consiste dans l'opinion la plus extravagante et la plus barbare qui jamais

entra dans l'esprit humain, savoir, que tous les devoirs
de la société sont suppléés par la bravoure : qu'un
homme n'est plus fourbe, fripon, calomniateur, qu'il
est civil, humain, poli, quand il sait se battre : que
le mensonge se change en vérité, que le vol devient
légitime, la perfidie honnête, l'infidélité louable, sitôt
qu'on soutient tout cela le fer à la main : qu'un affront
est toujours bien réparé par un coup d'épée, et qu'on
n'a jamais tort avec un homme pourvu qu'on le tue.

                                        RG.

Le point-virgule peut suivre le deux-points quoique le point-virgule sépare deux sens indépendants
entre eux et pouvant se rapporter individuellement
au sens qui précède le deux-points:

> Tous les hommes sont clairvoyants sur leurs inté-
> rêts, et il n'arrive guère qu'on les en détache par la
> ruse : on a admiré dans les négociations la supériorité
> de la maison d'Autriche, mais pendant l'énorme puis-
> sance de cette famille, non après : les traités les mieux
> ménagés ne sont que la loi du plus fort. Vv.

on a admiré...., *les traités les....*, sont deux propositions qui peuvent servir ensemble ou séparément à
fonder le jugement exprimé par les propositions qui
précèdent le deux-points; les citations suivantes ap-
partiennent à la même catégorie:

> Une âme bien faite est ennemie de la dépendance :
> elle ne se soumet qu'à la sagesse qui la conseille, à la
> science qui l'instruit, ou à une autorité supérieure lors-
> que cette autorité est utile, légitimement établie, et
> n'exige rien que de juste : cette fierté caractérise la
> grandeur d'âme et nous élève au-dessus des événe-
> ments. Cc.

C'est une grande erreur que l'on commet en France
de se persuader que les hommes immoraux ont des

ressources merveilleuses dans l'esprit : les fautes cau-
sées par la passion dénotent assez souvent des facultés
distinguées, mais la corruption et l'intrigue tiennent à
un genre de médiocrité qui ne permet d'être utile à
rien qu'à soi-même : on serait plus près de la vérité
en considérant comme incapable des affaires publiques
un homme qui a consacré sa vie au ménagement artificieux des circonstances et des personnes. SL.

Le deux-points peut marquer la liaison d'un sens
qui sert de motif commun à deux sens précédents séparés par le point-virgule:

Eh bien, puisque vous croyez que ma nomination
au titre d'empereur est nécessaire au bonheur de la
France, prenez au moins des précautions contre ma
tyrannie : oui, je vous le répète, contre ma tyrannie :
qui sait si dans la situation où je vais être je ne serai
pas tenté d'abuser du pouvoir? SL.

Partout M. B. a laissé d'honorables souvenirs : il est
du petit nombre de ceux que la France peut présenter
avec une égale confiance à ses amis et à ses ennemis :
agent politique il s'est concilié la bienveillance et l'af-
fection des pays où il a eu des devoirs pacifiques à remplir, administrateur il a forcé l'estime là où il a eu à
remplir des devoirs rigoureux. ....

Il peut marquer la liaison d'un sens seulement
avec le dernier de deux sens précédents divisés par
le point-virgule:

Le philosophe n'a pour persuader que la parole et
l'exemple : les gouvernements ont bien plus : après a-
voir mis en usage l'artillerie du raisonnement ils peuvent employer le raisonnement de l'artillerie. ....

Les bêtes ne sont sensibles qu'aux plaisirs des sens
et s'y portent avec une fougue brutale : l'homme a des

besoins plus nobles : il contemple, il écoute, il s'instruit avec délices, et son âme s'alimente sans cesse par
l'exercice de la pensée. Cc.

Non, sire, ce n'est pas le rang, les titres, la puissance, qui rendent les souverains aimables: ce n'est
pas même les talents glorieux que le monde admire,
la valeur, la supériorité du génie, l'art de manier les
esprits et de gouverner les peuples : ces grands talents
ne les rendent aimables à leurs sujets qu'autant qu'ils
les rendent humains et bienfaisants. O.

Souvent le deux-points ne marque une liaison
qu'entre deux sens dont le premier est précédé et
le dernier est suivi d'un autre sens séparé par le
point-virgule:

La philosophie décrit et dépeint la nature, la poésie
la peint et l'embellit: elle peint aussi les hommes : elle les agrandit, elle les exagère, elle crée les héros et
les dieux: l'histoire ne peint que l'homme, et le peint
tel qu'il est. B.

Le deux-points peut aussi marquer itérativement
et médiatement une liaison dans le cours d'une même période:

Ce n'était pas assez d'avoir avili le parti républicain
en le dénaturant tout entier, Bonaparte voulut encore
ôter aux royalistes la dignité qu'ils devaient à leur persévérance et à leur malheur : il fit occuper la plupart
des charges de sa maison par des nobles de l'ancien régime, il flattait ainsi la nouvelle race en la mêlant a-
vec la vieille; et lui-même aussi, réunissant les vani-
tés d'un parvenu aux facultés gigantesques d'un conquérant, il aimait les flatteries des courtisans d'autre-
fois, parce qu'ils s'entendaient mieux à cet art que les
hommes nouveaux, même les plus empressés : chaque
fois qu'un gentilhomme de l'ancienne cour rappelait

l'étiquette du temps jadis, proposait une révérence de
plus, une certaine façon de frapper à la porte de quelque antichambre, une manière plus cérémonieuse de
présenter une dépêche, de plier une lettre, de la terminer par telle ou telle formule, il était accueilli comme s'il avaît fait faire des progrès au bonheur de l'espèce humaine. SL.

Lorsque les partisans du despotisme se servent des
baïonnettes ils font leur métier, mais lorsqu'ils em-
ploient des formes philosophiques pour établir leur
doctrine ils se flattent en vain de tromper : on a beau
priver les peuples de la lumière et de la publicité, ils
n'en sont que plus défiants, et toutes les profondeurs
du machiavélisme ne sont que de mauvais jeux d'enfant à côté de la force magique et naturelle tout ensemble de la parfaite sincérité; il n'y a point de secrets
entre les gouvernements et le peuple : ils se comprenn-
ent, ils se connaissent; on peut prendre sa force dans
tel ou tel parti, mais se flatter d'amener à pas de loup
les institutions contre lesquelles l'opinion est en garde
c'est n'avoir aucune idée de ce qu'est devenu le public
de notre temps. SL.

Le désintéressement qui avait distingué M. C. dans
les plus hautes fonctions devint à ses yeux un devoir
encore plus rigoureux alors qu'il était obligé de trouver son existence sur une terre étrangère : il a refusé
d'un grand monarque la première place dans l'instruction publique militaire; il a refusé d'un prince puissant la dotation d'une terre de 60,000 livres de rente;
il a refusé des présents considérables de plusieurs so-
ciétés qui s'étaient réunies pour honorer et consoler
ses malheurs; il a refusé les offres magnifiques de plusieurs gouvernements, et même de plusieurs nations
qui dans ces derniers temps invoquaient ses talents et
ses lumières : en les aidant il aurait pu se rencontrer

en opposition avec cette France qu'il avait toujours défendue, avec cette patrie à laquelle il ne croyait point cesser d'appartenir. ....

Enfin, le deux-points ayant marqué la liaison entre deux sens peut être suivi du point-virgule un nombre de fois illimité dans la même période:

Les pasteurs ne sont en sûreté que lorsqu'ils sont environnés de leurs brebis : ils en sont gardés comme ils les gardent eux-mêmes; dès qu'ils s'en éloignent, qu'ils les abandonnent, tout est à craindre pour eux; c'est au milieu de leur troupeau que le Seigneur les revêt de force, les remplit de lumière, les comble de bénédictions, parce que là il les regarde comme ses ministres, et qu'il leur a promis de les soutenir dans les fonctions pénibles de leur ministère; ailleurs il ne les connaît plus, ce ne sont plus que des hommes faibles, communs, sans force, sans fermeté, sans dignité; et comme ils y sont inutiles à son église, ils lui deviennent indifférents à lui-même; les mêmes fonctions qui font tous leurs devoirs font aussi toute leur sûreté et toute leur force. O.

On dit avec quelque fondement que le deux-points et le point-virgule ont une telle affinité entre eux que la plupart du temps on peut indistinctement faire usage de l'un ou de l'autre de ces signes : cette assertion n'est vraie qu'à quelques égards, comme lorsque la liaison intime n'existe ni logiquement ni grammaticalement, mais qu'elle est ou qu'on peut la supposer seulement dans l'intention de l'auteur:

Dans les affaires publiques et privées, dans celles du barreau, au sein de votre famille, vis-à-vis de vous-même, à l'égard des autres, nul instant de la vie qui soit exempt de devoirs : l'honneur est de les remplir et la honte de les négliger. Cc.

Deux démons à leur gré partagent notre vie,
Et de son patrimoine ont chassé la raison;
Je ne vois point de cœur qui ne leur sacrifie:
Si vous me demandez leur état et leur nom,
J'appelle l'un Amour, et l'autre Ambition.   X, 10.

A Londres un méthodiste en conduisant son cabriolet a blessé quelques passants; le domestique de ce maître maladroit, qui était resté à la maison, a été condamné à quinze jours de prison et à 150 francs d'amende : à Londres les *absents* paient l'amende.   ....

On s'étonne quand on lit tout ce qui a été écrit en
Europe depuis la découverte de l'imprimerie, et même
tout ce qu'on cite des anciennes chroniques, combien
les principes de la justice sont anciens dans chaque
pays, combien à travers les obscurités de certaines é-
poques il perce d'idées justes dans ceux qui ont publié
de quelque manière leurs réflexions à cet égard : la
justice a certainement pour elle la raison de tous les
temps.   ....

Il est facile de voir dans ces exemples qu'on pourrait y substituer le point-virgule au deux-points sans
manquer aux règles de la division du sens; mais cette
substitution serait fautive dans,

Quand même il n'aurait pas résolu de s'enrichir des
dépouilles du monde; quand ce serait, au lieu de César, un des héros de ces temps heureux où la pauvreté
fut en honneur dans Rome, un Fabrice, un Curius,
ou ce consul que l'on tira de sa charrue et que l'on a-
mena tout couvert de la poussière de son champ :
qu'il fût assis à cette table, il serait tenté d'emporter
en triomphe dans sa patrie une si superbe dépouille.

                                                    Mᴋ.

car le sens initial *(quand même...., quand ce serait.....),* qui n'est que conditionnel, ne saurait
satisfaire l'esprit sans le sens final *(qu'il fût assis...,*

il serait....), sens entre lesquels le deux-points indique matériellement une liaison indissoluble; il en
est de même de ce passage: -

> La cause ordinaire des guerres est si méprisable que
> le récit d'une bataille où vingt mille bêtes féroces se
> déchirent pour les passions d'un homme, dégoûte et
> fatigue; mais des citoyens s'ébranlant au moment de
> la charge contre une horde de conquérants, d'un côté
> des fers ou un anéantissement politique par un démem-
> brement, de l'autre la liberté et la patrie ⁏ si jamais
> quelque chose de grand a mérité d'attirer l'attention
> des hommes c'est sans doute un pareil spectacle. Cᴮ.

Tout le discours depuis le point - virgule *(mais des
citoyens....)* jusqu'à la fin de la citation ne forme
qu'une seule proposition logique finale opposée à la
proposition logique initiale *(la cause ordinaire....);*
le deux-points marque la relation inséparable qui doit
unir la pure description, *des citoyens s'ébranlant...,
d'un côté des fers..., de l'autre la liberté...,* avec
la proposition logique conditionnelle *si jamais....,*
dans laquelle une proposition grammaticale *(c'est
sans doute un pareil spectacle)* énonce cette description par son attribut *(pareil spectacle).*
    Enfin l'utilité du deux-points est telle qu'on va
parfois jusqu'à le déplacer, c'est-à-dire qu'on lui
substitue la virgule là où son application est indiquée explicitement, pour le placer plus utilement à
l'endroit où son application n'est provoquée qu'implicitement, comme, par exemple:

> Je dirai au gourmand, Ne descendez pas à la cuisi-
> ne ; à l'amateur du théâtre, Ne fréquentez pas les cou-
> lisses; au protecteur, à l'ami des lettres, Ne vous ar-
> rêtez pas au bureau d'un journal ⁏ le jeu des machines
> pourrait vous dégoûter des produits. J.

Le verbe *dirai,* la capitale à chaque particule *(Ne),*

et le point - virgule qui tranche les divers compléments de ce verbe, donnent une clarté très-satisfai-
sante pour la perception de la proposition multiple,
sans le secours du deux-points, qui est indispensable au contraire pour lier intimement l'énonciation,
le jeu des...., qui à son tour complète individuellement chaque complément de *dirai,* et collectivement le sens total; un déplacement analogue a lieu
dans cet autre exemple tiré du même auteur:

> Boileau aura beau dire,
>
> Paris est pour un riche un pays de Cocagne,
> Sans sortir de la ville il trouve la campagne :

réduite à sa juste valeur cette exagération poétique signifie seulement qu'à Paris, avec une grande fortune,
on peut renfermer entre deux rues et quatre murailles
un certain nombre d'arbres rabougris, de carrés de
gazon, de plates-bandes de fleurs, et faire arroser le
tout par un maigre filet d'eau acheté à la voie et cir-
culant dans une ornière de plâtre.

La disposition particulière des deux vers et la variation de caractères permettent la substitution de
la virgule au deux-points après *beau dire,* tandis
que l'étroite liaison entre la citation et sa réfutation
(réduite à.....) est uniquement et plus utilement
marquée par le deux-points même.

   Il me semble avoir bien prouvé que la fonction
spéciale du deux-points est de servir de ligature matérielle à deux sens successifs, soit que cette ligature
résulte explicitement ou implicitement du discours,
soit qu'elle ne résulte que de la volonté du ponctuateur : si l'on a bien senti ces preuves on sera convaincu comme moi que c'est à tort que l'édition originale
in-4° du Buffon porte trois fois le deux-points dans
cette proposition logique:

> Monsieur, du génie pour les sciences, du goût pour

la littérature, du talent pour écrire : de l'ardeur pour
entreprendre, du courage pour exécuter, de la constance pour achever : de l'amitié pour vos rivaux, du
zèle pour vos amis, de l'enthousiasme pour l'humanité : voilà ce que vous connaît un ancien ami, un con-
frère de trente ans, qui se félicite aujourd'hui de le de-
venir pour la seconde fois. B.

car son sujet multiple (depuis *du génie* jusqu'à *humanité)* offre dans son énumération trois divisions
absolument indépendantes entre elles, et la préposition *voilà* marquant le terme de l'énumération et
la reproduisant, adapte grammaticalement le sujet à
l'expression de la proposition; mais comme il faut
absolument avoir recours au point-virgule pour marquer la jonction des trois divisions de l'énumération, le
deux-points n'est indispensable qu'après *humanité;*
et la virgule réitérée suffirait à la division totale si
l'énumération n'était pas divisée en trois parties.

Je me suis abstenu d'indiquer nominativement au
commencement de cette section le degré de force
du deux-points afin qu'après avoir senti successivement le rôle qu'il joue dans toutes les situations, l'on
comprît mieux que sa force intrinsèque est au-dessus
de celle du point-virgule, et qu'en concurrence avec
le point-virgule, le deux-points peut avoir une force
relative moindre que lorsqu'il est isolé.

On verra ci-après le rapport du deux-points avec
le point, et avec les signes *modificatifs* et auxiliaires.

SECTION IV.

Du Point.

L'on dit que le point marque un sens total ou complet, et il est également vrai que l'alinéa marque aus-

si un sens complet quoiqu'il renferme plusieurs fois
le point intermédiaire; de là une contradiction appa-
rente dont on peut ainsi rendre compte : effectivement le point, qui est le plus fort des signes de ponctuation proprement dits , marque spécialement un
sens total ou complet, mais lorsque ce signe est obligé d'indiquer dans un alinéa une division qu'il n'est
pas au pouvoir des autres signes déjà employés d'é-
tablir, le point y marque autant de sens qu'en mar-
querait la virgule, le point-virgule, ou le deux-
points, si l'un de ces signes pouvait par rapport au
style suffire à la division totale d'un sens complet; il
faut seulement faire observer que l'espèce de prodigalité avec laquelle on applique la virgule et le point-
virgule, force à prodiguer aussi le point. En effet,
le deux-points, par exemple, n'est-il pas suffisant
dans cette réponse d'Héraclite au roi Darius :

> Les hommes foulent aux pieds la vérité et la justice;
> un désir insatiable de richesses et de gloire les pour-
> suit sans cesse : pour moi, qui fuis l'ambition, l'envie,
> la vaine émulation attachée à la grandeur, je n'irai
> point à la cour de Suze, sachant me contenter de peu
> et dépensant ce peu selon mon cœur.

L'on sait très-bien que *pour moi, qui fuis..., je n'i-*
rai....., n'exprime pas un sens nécessaire pour la
perception intégrale et individuelle des propositions
qui précèdent *(les hommes....; un désir....)*, mais
l'on doit considérer et la détermination d'Héraclite
et l'exposition de ses motifs comme un sens total, un
tout indivisible; le point-virgule est également suffisant dans cette singulière épitaphe:

> Ici repose N***, le meilleur des pères, le plus ten-
> dre des époux : sa veuve inconsolable tient toujours le
> magasin de nouveautés, rue...., n°..., quartier du.....

À coup sûr rien de plus incohérent que l'inscription

du tombeau et l'avis concernant la veuve ; cependant l'intention de tirer un parti mercantile à l'occasion de cette inscription est bien manifeste, et conséquemment le point-virgule, et non le point, est propre à figurer matériellement cette intention , en rattachant le sens final au sens initial afin d'indiquer qu'ils forment un tout dont le lecteur doit prendre connaissance indivisément; le point serait de même trop fort dans ces exemples:

> Déjà avant son consulat Bonaparte avait osé dire à une dame, Je n'aime pas que les femmes se mêlent de politique; Vous avez raison, général, lui répondit-elle, mais dans un pays où on leur coupe la tête il est naturel qu'elles aient envie de savoir pourquoi. Sᴛ.

(La capitale à *Vous avez* et la phrase incidente *lui répondit-elle* sont assez lumineuses à la perception pour qu'on puisse se passer du point intermédiaire.)

> Pendant que le général C..... était chargé de la défense d'Anvers le prince royal de Suède essaya d'entamer des négociations avec lui au nom de leur ancienne amitié; J'étais l'ami du général français Bernadotte, répondit C....., mais je suis l'ennemi du prince étranger qui tourne ses armes contre ma patrie. ....

> Pugnani, le célèbre violon, était possesseur d'un nez tel que Lavater n'en a sans doute jamais vu, et tel que la nature n'en reproduira vraisemblablement pas un avant plusieurs siècles : dans sa longueur il était presque égal au reste de la face pris ensemble, dans sa proéminence il dépassait de beaucoup tout ce que les nez aquilins ont ordinairement de plus saillant; un potier de Milan auquel l'artiste devait une somme assez forte s'avisa, pour mettre à la mode ses vases de toute espèce et pour se venger de son débiteur, de faire peindre au fond de ses poteries (destinées à un usage sur lequel l'histoire se tait) la figure en question,

ornée de son nez magnifique; Pugnani porta plainte
au gouverneur autrichien de la ville; cité devant cette
autorité militaire, le potier se contenta, suivant la tra-
dition, de déployer devant son juge un vaste mouchoir
sur lequel était imprimé le portrait de l'empereur d'Autriche, en disant : Si S. M. I. est dans mon mouchoir
et n'y trouve pas à redire, M. Pugnani peut bien se
trouver dans mes vases sans se fâcher contre moi. J.

Bonaparte commit le meurtre d'un prince du sang,
le duc d'Enghien; il passa le Rubicon du crime, et dès
ce jour son malheur fut écrit sur le livre du destin; un
des machiavélistes de la cour de Bonaparte dit à cette
occasion que cet assassinat était bien pis qu'un crime
puisque c'était une faute : j'ai, je l'avoue, un profond
mépris pour tous ces politiques dont l'habileté consiste à se montrer supérieurs à la vertu ; qu'ils se montrent donc une fois supérieurs à l'égoïsme ! cela sera
plus rare et même plus habile. SL.

Entendez-vous rien là? dist Pantagruel ès assistants;
à quoi dist Epistemon : Je croy que c'est languaige
des Antipodes, le Diable n'y mordroit mie; lors dist
Pantagruel : Compere, je ne sçay si les murailles vous
entendront, mais de nous nul n'y entend note. RB.

Mais le point est nécessaire dans l'extrait suivant
du *Marchand de joujoux moraliste* parce que la virgule, le point-virgule, et le deux-points, étant déjà
appliqués dans le discours de l'auteur qui annonce
les balances et qui commence à décrire leur propriété, il ne reste de disponible que le point pour marquer une plus forte division à l'endroit où le marchand prend lui-même la parole pour achever la
description de ses balances morales:

Un marchand vendait des balances qui ne pouvaient
manquer de convenir à des personnes sensées; outre qu'elles servaient à peser les matières d'or et d'ar-

gent, elles avaient encore la propriété de fixer à leur
véritable valeur les défauts et le mérite des individus :
une perruque volumineuse sur un cerveau vide n'y
avait pas plus de poids qu'un bonnet de laine, l'habit
brodé d'un petit-maître qu'une blouse de portefaix.
Par exemple, disait le marchand, j'ai pris un nombre
prodigieux de promesses d'un grand et je les ai mises
dans un des bassins de ces balances : le souffle d'une
mouche dans l'autre plateau a rompu l'équilibre; j'ai
trouvé que quatre plumes de colibri et la probité de
certains escompteurs soutenaient les bassins à un ni-
veau parfaitement égal; j'ai reconnu aussi, d'après des
essais répétés, que le savoir d'un petit-maître et l'intelligence d'un pédant se servent l'un à l'autre de con-
tre-poids, que l'orgueil et la vanité d'un homme sont
dans une proportion exacte avec son ignorance, qu'un
grain de bon naturel équivaut à une once d'esprit, un
cœur plein de vertus à une tête remplie de connaissances superficielles, et la valeur d'un dé de contente-
ment à un coffre rempli d'or.

L'on peut m'objecter que cet alinéa présente, comme quelques-uns des exemples précédents où il ne
faut pas le point, un tout indivisible, et que les deux
cas offrent l'insertion des paroles textuelles citées qui
concourent à l'expression du sens total : il faut remarquer à cet égard que là les paroles citées sont
inhérentes au sens, c'est-à-dire qu'il serait intrin-
sèquement incomplet sans les paroles rapportées,
tandis qu'ici le sens est complet sans la narration
du marchand, qui ne fait qu'expliquer, développer,
les deux propositions exprimées avant le point, *ou-*
tre qu'elles...., elles avaient encore la propriété de
fixer...; le point remplit une fonction analogue dans
cet autre exemple:

Amants, heureux amants, voulez-vous voyager,
Que ce soit aux rives prochaines :

Soyez-vous l'un à l'autre un monde toujours beau,
    Toujours divers, toujours nouveau;
Tenez-vous lieu de tout, comptez pour rien le reste.
J'ai quelquefois aimé : je n'aurais pas alors
        Contre le Louvre et ses trésors,
Contre le firmament et sa voûte céleste,
    Changé les bois, changé les lieux,
Honorés par les pas, éclairés par les yeux,
    De l'aimable et jeune bergère
    Pour qui, sous le fils de Cythère,
Je servis engagé par mes premiers serments.   IX, 3.

La Fontaine adresse d'abord des conseils dans un
discours qu'il a fallu diviser par les trois signes infé-
rieurs au point, lequel pour cette raison est le seul
capable de marquer une division plus forte indispensable au moment où le poète prend la parole pour
parler de lui - même : il est bien vrai que ce qu'il
en dit est relatif aux conseils qu'il vient de donner, comme dans l'exemple précédent les paroles
du marchand de joujoux sont aussi relatives au discours qui annonce et qualifie les balances, mais c'est
précisément par rapport à cette relation que dans
l'un et l'autre exemple j'aurais substitué le point-
virgule au point si les signes moins forts n'étaient
appliqués à de moindres divisions dans chaque sens
total. Pour des raisons analogues le style exige deux
fois l'application du point dans cette période:

   Tendre piété! vertu sublime! vous méritez tous nos
respects : vous élevez l'homme au-dessus de son être,
vous l'approchez du Créateur, vous en faites sur la
terre un habitant des cieux. *Divine modestie!* vous méritez tout notre amour: vous faites seule la gloire du
sage, vous faites aussi la décence du saint état des ministres de l'autel; vous n'êtes point un sentiment acquis par le commerce des hommes, vous êtes un don
du ciel, une grâce qu'il accorde en secret à quelques
âmes privilégiées pour rendre la vertu plus aimable;

vous rendriez même s'il était possible le vice moins
choquant : mais jamais vous n'avez habité dans un
cœur corrompu, la honte y a pris votre place; elle
prend aussi vos traits lorsqu'elle veut sortir de ces re-
plis obscurs où le crime l'a fait naître, elle couvre de
votre voile sa confusion, sa bassesse; sous ce lâche dé-
guisement elle ose donc paraître, mais elle soutient
mal la lumière du jour : elle a l'œil trouble et le regard
louche, elle marche à pas obliques dans des routes
souterraines, où le soupçon la suit; et lorsqu'elle croit
échapper à tous les yeux, un rayon de la vérité luit, il
perce le nuage, l'illusion se dissipe, le prestige s'éva-
nouit, le scandale seul reste, et l'on voit à nu toutes les
difformités du vice grimaçant la vertu. Mais détournons les yeux, n'achevons pas le portrait hideux de la
noire hypocrisie; ne disons pas que quand elle a perdu
le masque de la honte elle arbore le panache de l'orgueil, et qu'alors elle s'appelle impudence. B.

Le sens total de cette période n'est qu'un, savoir, la
comparaison de la piété et de la modestie avec l'hypocrisie, mais l'auteur s'adressant d'abord à la piété,
puis à la modestie, et terminant le portrait de l'hypocrisie en interrompant sa seconde apostrophe (*Mais
détournons....*), le point a dû indiquer les coupures
du discours formées par ces trois circonstances. Le
style provoque l'application réitérée du même signe
dans les citations suivantes:

Même dispute avint entre deux voyageurs.
    L'un deux était de ces conteurs
Qui n'ont jamais rien vu qu'avec un microscope;
Tout est géant chez eux : écoutez-les, l'Europe
Comme l'Afrique aura des monstres à foison.
Celui-ci se croyait l'hyperbole permise:
J'ai vu, dit-il, un chou plus gros qu'une maison.
Et moi, dit l'autre, un pot aussi grand qu'une église.
Le premier se moquant, l'autre reprit : Tout doux,
    On le fit pour cuire vos choux. IX, 1.

La tuerie et la piété sont des choses extrêmement
opposées l'une à l'autre, et la vérité est aussi incom-
patible avec la force que la justice avec la cruauté. Il
n'y a rien de plus utile dans le monde que la religion,
et il faut la défendre avec toute la force possible; mais
elle doit être défendue, non en tuant, mais en mourant, non par la cruauté, mais par la patience, non par
l'iniquité, mais par la foi. De ces choses les unes sont
des maux, les autres des biens; or il faut trouver dans
la religion des biens, et non des maux. Si on veut la
défendre par le sang, les tourments, et les peines, elle
ne sera pas défendue, mais souillée et violée, car il n'y
a pas de chose plus volontaire que la religion : elle cesse
tout-à-fait lorsque le sacrificateur n'a pas de volonté. Lt.

Les trois principes les plus communs qui lient les
hommes les uns avec les autres, et qui forment toutes
les unions et les amitiés humaines, sont le goût, la cupidité, et la vanité. Le goût : on suit un certain pen-
chant de la nature qui, nous faisant trouver en quelques personnes plus de rapport avec nos inclinations,
peut-être aussi plus de complaisance pour nos défauts,
nous lie à elles, et fait que nous trouvons dans leur
société une douceur qui se change en un ennui avec
le reste des hommes. La cupidité : on cherche des
amis utiles, ils sont dignes de notre amitié dès qu'ils
deviennent nécessaires à nos plaisirs ou à notre fortune; l'intérêt est un grand attrait pour la plupart des
cœurs; les titres qui nous rendent puissants se chan-
gent bientôt en des qualités qui nous font paraître aimables, et l'on ne manque jamais d'amis quand on
peut payer l'amitié de ceux qui nous aiment. Enfin la
vanité : des amis qui nous font honneur nous sont toujours chers, il semble qu'en les aimant nous entrons
en part avec eux de la distinction qu'ils ont dans le
monde; nous cherchons à nous parer pour ainsi dire

de leur réputation, et ne pouvant atteindre à leur mérite nous nous honorons de leur société, pour faire
penser du moins qu'il n'y a pas loin d'eux à nous et
que nous n'aimons que nos semblables. Voilà les trois
grands liens de la société humaine. La religion et la
charité n'unissent presque personne. Et voilà les trois
sources les plus universelles des haines que les hommes nourrissent les uns envers les autres. O.

Vous regardez la terre comme votre patrie : vous ne
cherchez plus qu'à vous y agrandir, qu'à y occuper
une plus grande place; vous voudriez seul pouvoir
l'occuper tout entière. Vous ajoutez, dit un prophète,
l'héritage de vos voisins à celui de vos pères; vous
passez les bornes que la modération de vos ancêtres
avait si sagement mises à vos biens et à votre fortune;
vous appelez les terres de vos noms; il semble que
l'univers entier ne pourra plus suffire à l'étendue de
vos projets. Vous forcez souvent un Naboth de vous
céder son champ et la succession innocente de ses pères; tout ce qui vous accommode vous appartient déjà; vous faites des droits les plus douteux des droits
incontestables, et forcez l'équité de plier sous la puissance. Les dignités que votre opulence vous permet
d'acquérir vous conviennent toujours; vous ne faites
pas attention si la médiocrité de vos talents vous en
rend incapable, si le public en souffrira, mais seulement si vous assurez à vos enfants une fortune plus
durable. Une fortune plus médiocre en vous laissant
plus de modération vous eût laissé plus d'innocence.
Et ne croyez pas que je parle ici de cette opulence ci-
mentée du sang des peuples, de ces hommes nouveaux
à qui nous voyons étaler sans pudeur, dans la magnificence de leurs palais, les dépouilles des villes et des
provinces : ce n'est pas à nos discours à réformer ces
abus, c'est à la sévérité des lois et à la juste indigna-

tion de l'autorité publique. Vous-mêmes qui m'écoutez, mes frères, vous en faites le sujet le plus ordinaire de vos dérisions et de vos censures : vous souffrez impatiemment que des hommes sortis pour ainsi dire de la terre osent disputer avec vous de faste et de magnificence, parer leur roture et leur obscurité de vos grands noms, et insulter même par des profusions insensées à la misère publique dont ils ont été les artisans barbares. Vous sentez toute l'horreur d'une prospérité née de l'injustice, et vous ne connaissez pas les dangers de celle que la naissance donne : toute la différence que j'y trouve, c'est que l'une commence et l'autre finit toujours par le crime; c'est que les uns jouissent d'un bien injustement acquis et que les autres abusent d'une fortune légitime. O.

Des inscriptions, des devises, dont on veut reproduire en les copiant la forme ou la disposition qu'elles ont là où elles servent d'inscription, se ponctuent abstraction faite du discours par lequel on les introduit, comme, par exemple:

Ses livres, tous ouvrages de droit public, étaient rangés sur des rayons couleur de laque, surmontés par des écussons, où l'on était tout surpris de lire des devises telles que,

LA SCIENCE EST FOLLE PAROLE,

NE SUIVONS QUE D'AMOUR L'ÉCOLE.

ou bien,

AMOUR ABAT ORGUEIL DES BRAVES.

ou bien,

TOUT POUR LES DAMES.

et autres gentillesses semblables. J.

Enfin le point abréviatif sert simultanément de signe de division quand le mot abrégé est le dernier d'un sens total, comme dans l'exemple ci après, dont le passage guillemeté est extrait de la *Dissertation sur les Participes* par M. le comte Daru :

   « Sous le troisième consulat de Pompée on venait
» d'élever un monument dont l'inscription partagea les
» principaux savants de la république : les uns voulaient
» indiquer la date par ces mots, *Consul tertium*, et les
» autres tenaient pour *tertio;* on s'adressa à Cicéron,
» qui refusa long-temps de donner son avis, et qui finit
» par proposer de mettre *Tert. Consul*, ce qui fut adop-
» té ; » mais Cicéron n'a fait qu'éluder la difficulté en
abrégeant *Tert.*

Voyez dans l'*Ermite de la Chaussée-d'Antin*, t. V,
p. 66, 1ʳᵉ édition, un long discours *(les Caquets)*,
qui n'a que le point final, non que les divers sens de
ce discours aient entre eux une relation qui prohi-
be l'application du point intermédiaire, mais parce
qu'au contraire le discours est dépourvu de toute liaison logique, et que conséquemment il ne présente
pas de sens total dans son ensemble, le point final
même n'indiquant que le terme d'un long bavardage.

Cette section me semble assez étendue pour faire
apprécier la fonction du point, d'autant plus que
presque chaque page de ce petit ouvrage en fournit
des exemples; les sections suivantes présenteront son
application concurremment avec le point interrogatif et celui improprement appelé exclamatif, et avec
les signes auxiliaires de la ponctuation.

CHAPITRE II.

DES SIGNES MODIFICATIFS.

J'appelle *signes modificatifs* les points dits exclamatif et interrogatif, parce qu'au lieu de servir à di-

viser, ces espèces de notes imparfaites se bornent à
marquer une modification particulière indépendante
de la division du sens, en absorbant toutefois les signes de ponctuation dont cette division indique concurremment l'application ; vérité dont on peut facilement se convaincre par la lecture attentive de ce
court chapitre, dont tous les exemples portent à cet
effet le signe de division immédiatement après le signe modificatif, ce qui fera sentir en même temps la
distinction réelle qui existe entre l'usage de la lettre
capitale et celui de la lettre ordinaire après les signes
modificatifs.

SECTION V.

Du Signe interjectif.

Interjection est un mot nouveau (quel est le mot
qui n'a pas été nouveau !) sur lequel je prie le lecteur de ne se récrier qu'autant que les motifs qui
m'ont déterminé à l'employer ne lui paraîtraient pas
plausibles.

En grammaire on appelle interjection toute partie
du discours qui sert à exprimer les passions, c'est-
à-dire toute expression qui énonce un mouvement
excité dans l'âme, comme l'amour ou la haine, l'admiration ou l'indignation, le plaisir ou la douleur, la
joie ou la tristesse, etc.; or le terme *admiratif* ne
convient qu'à l'admiration exclusivement *(ah, eh,
oh)*, et *exclamatif* ne comporte d'autre idée que
celle d'un cri plus ou moins modifié *(aie, ha, hé,
ho, holà, ô)* : donc *admiratif* et *exclamatif* ne désignent que des espèces, tandis que *interjectif* exprime le genre. D'ailleurs l'origine de ce mot doit être
tirée de son emploi, à l'exemple des mots qui énoncent les signes de division : ainsi la virgule était nom-

mée incise parce qu'elle marque les incises ou propositions courtes, les phrases incidentes; le deux-
points était appelé *colon* ou membre de période parce que son usage est d'indiquer la division de membres d'une période; le point avait reçu le nom de
période parce qu'il s'applique à la fin du sens total
d'une période; enfin le point interrogatif n'a reçu
cette dénomination que parce qu'il est le signe d'u-
ne interrogation; donc le signe jusqu'à présent nommé improprement point *admiratif* ou *exclamatif*
doit être désigné à son tour sous son nom naturel et
générique, *signe interjectif,* parce que son rôle bien
fixe est de marquer les interjections.

L'application du signe interjectif est indiquée
grammaticalement dans les exemples suivants :

L'amour-propre est, *hélas*!, le plus sot des amours.   D**n**.

A tous les cœurs bien nés *que* la patrie est chère!.   **V**t.

Heureux le peuple dont l'histoire est ennuyeuse!.
                                          Mt**q**.

(Sans l'ellipse du verbe dans *Heureux le peuple* l'indication du sens interjectif ne serait que logique.)

Lorsqu'on reprochait à un homme du plus grand
nom de s'être fait chambellan d'une des nouvelles princes-
cesses de la cour de Bonaparte, « Mais, que voulez-
» vous? disait-il, il faut bien servir quelqu'un; » *quelle*
réponse!. S**l**.

Comme Pompée se prépare à descendre sur le rivage, Septime vient le saluer; Septime, soldat romain
qui avait servi sous ses enseignes, et qui depuis, *ô lâcheté infâme*!, avait quitté les aigles pour les drapeaux
d'un roi dont il était le satellite. M**m**.

J'ai entendu proposer que le gouvernement consen-
tît à la liberté de la presse à condition qu'on lui accor-
dât la détention arbitraire, *comme si* l'on pouvait écri-

re quand on est menacé d'être puni sans jugement pour
avoir écrit!. SL.

(M™ de Resan.) Ces messieurs veulent chasser.

(M™ de Clairas.) Oui, et pendant ce temps-là nous
ne profitons pas de nos petites loges.

(M™ de Resan.) *Si du moins* ils cherchaient à nous
amuser!. CM.

Et *quelle* félicité pour le souverain de regarder son
royaume comme sa famille et ses sujets comme ses enfants!. O.

Combien la douce philosophie des Socrate, des Sé-
nèque, des Bacon, qui nous montrent la pierre du
tombeau comme un passage entre la vie et l'immortalité, est plus consolante que celle des Lucrèce, des
d'Holbach, des Freret, qui nous invitent à nous plon-
ger sans réflexion dans cette profondeur muette et obs-
cure qu'ils appellent néant, et dont ils cherchent à
nous dérober la vue!. J.

> L'homme est ainsi bâti; quand un sujet l'enflamme
> L'impossibilité disparaît à son âme;
> *Combien* fait-il de vœux!, *combien* perd-il de pas,
> S'outrant pour acquérir des biens ou de la gloire!:
>   *Si* j'arrondissais mes états!,
> *Si* je pouvais remplir mes coffres de ducats!,
> *Si* j'apprenais l'hébreux, les sciences, l'histoire!.
>   Tout cela c'est la mer à boire,
>   Mais rien à l'homme ne suffit. VIII, 25.

Érasme disait à son ami Jean-Louis Vivès, de Va-
lence, au sujet de la recommandation qu'avait faite
l'inquisition de ne lire ses ouvrages qu'avec précaution :
« *Que* mon sort est à plaindre!: les luthériens m'atta-
quent comme convaincu de papisme, et les catholiques comme un partisan de Luther; par quelle fatalité
ne peut-on vivre tranquille en s'attachant de sang-froid
à la vérité, qui ne se trouve qu'entre les extrêmes, et
que les champions des deux partis ne peuvent décou-

vrir, aveuglés par la haine qui les anime les uns contre les autres!; je cherche la vérité, et je la trouve
tantôt dans les propositions des catholiques, tantôt
dans celles des luthériens : *se pourrait-il* qu'un héré-
tique se trompât toujours!. Quelle folie de le croire!,
ajoutait Vivès. »   ...

Remarquons que les interrogations *ne peut-on....,*
se pourrait-il......, ne sont que grammaticales, car
elles ont un sens logique affirmatif: puisque Érasme
dit qu'il trouve la vérité *entre les extrêmes,* il ne peut
penser qu'affirmativement relativement à la deuxième question grammaticale; mais il marque du dépit
dans celle-ci et dans la première, et c'est ce dépit
dominant qui motive l'application réitérée du signe
interjectif.

Son application n'est provoquée que par le sens
logique dans cette citation,

    La méchanceté tient lieu d'esprit!. Vv.

Le signe interjectif me semble indiquer que l'auteur accède à regret à la vérité de la proposition;
l'application du même signe est aussi indiquée implicitement dans chaque proposition finale des trois
exemples suivants :

    A moi!, Auvergne : *ce sont les ennemis!.*

    Cette nuit même, sans plus différer, César punit le
traître Photin, mais non par le supplice qu'il aurait
mérité, il ne fut ni attaché à la croix, ni jeté dans les
flammes, ni déchiré par les bêtes féroces : ô justice
des dieux!, on lui trancha la tête; *Photin mourut de
la mort de Pompée!.* Mm.

    .... Se peut-il qu'il y ait dans les
habitudes des cours quelque chose qui perpétue la lé-
gèreté d'esprit jusque dans l'âge avancé!; il en résulte
souvent de la grâce, *mais elle coûte bien cher dans les
temps sérieux de l'histoire!.* St.

Beaucoup de personnes sont dans l'usage de répéter immédiatement le signe interjectif, comme
dans cet article des *Tablettes d'un homme du monde,* extrait du *Franc-Parleur,* par M. de Jouy:

« 18 Juillet. Ne pas oublier de passer demain pour
» la troisième fois chez le marquis de Lussan!! » Les
deux points d'exclamation qui terminent cette note
m'en ont fait deviner le vrai sens : Lussan vivait autre-
fois, c'est-à-dire il y a quatre mois, dans la plus grande intimité avec M. de Clénord, à la campagne duquel
il passait une partie de l'année ; pendant l'hiver il dî-
nait habituellement chez Clénord trois fois par semai-
ne : aujourd'hui M. le marquis de Lussan ne va plus
chez ses amis, il leur fait faire antichambre, et les
oblige à venir trois fois pour le rencontrer ; ce n'est
pas qu'il soit plus riche, mais il a repris son titre, il
va à la cour, il dîne à la seconde table chez les princès;
on lui suppose du crédit, et il prend des airs.

Malgré l'explication du doublement du signe interjectif contenue dans ce passage, je persiste à croire
que l'application simple de ce signe y rendrait le même office, et que c'est abusivement qu'on le répète
immédiatement plus ou moins de fois partout ailleurs,
car aucun signe de division n'offre l'exemple de ce
moyen pour marquer l'énergie, qui ne peut résulter
que de l'expression même ou du sens logique.

J'ai voulu présenter préalablement l'application
générale du signe interjectif afin que l'on fût plus à
même de distinguer les cas où ce signe doit suivre
immédiatement une interjection, de ceux où il est
appliqué médiatement. A cet égard il faut remarquer
d'abord que les interjections grammaticales sont souvent suppléées par des interjections logiques, comme
bien! quand on approuve avec enthousiasme, *peste!*
quand on désapprouve avec force, *donnez!allez!* quand

on s'exprime optativement ou impérativement, avec
émotion, colère, orgueil, etc.; il faut remarquer aussi
qu'un sens complet non accompagné d'une interjection grammaticale peut être modifié par un sens interjectif, et que même le sens interjectif modificatif peut différer du sens particulier de l'interjection
grammaticale quand elle est jointe : ainsi dans cette
pensée,

L'amour-propre est, *hélas*!, le plus sot des amours.

hélas est une interjection grammaticale qui forme
comme une phrase elliptique incidente, que le signe
interjectif suit immédiatement, parce que le sens interjectif est borné à son expression isolée; dans cette
citation,

« On en veut toujours à nous autres pauvres riches;»
à Molière! à Molière! V<small>T</small>.

à Molière n'est autre chose qu'une interjection logique qui reçoit immédiatement le signe interjectif
tout comme l'interjection grammaticale; cette proposition,

La méchanceté tient lieu d'esprit!

est totalement modifiée par le sens interjectif, et
conséquemment terminée par le signe propre à marquer ce sens; et dans cet exemple,

Peste!, la méchanceté tient lieu d'esprit!

l'interjection logique et le sens modifié sont également marqués par le signe interjectif parce que
Peste exprime en quelque façon une désapprobation,
et l'interjection implicite qui modifie le sens final
exprime pour ainsi dire une surprise. Que si un ri-
goriste en ponctuation prétendait vouloir appliquer
deux fois le signe interjectif dans,

Oh que n'est-il des miroirs pour l'esprit!

fondé sur ce qu'il est réclamé et par l'interjection

13

grammaticale *(Oh)* et par l'énonciation modifiée
qui lui succède, on lui répondrait plausiblement que
le sens de l'interjection grammaticale, d'ailleurs assez manifeste par elle-même, est précisément celui
qui modifie l'énonciation finale, et que dans ce cas
l'on semble pouvoir se conformer sans le moindre
danger aux règles d'une sage sobriété en ne plaçant
le signe interjectif qu'à la fin du sens total, à peu
près comme on le fait dans *ô mon Dieu! ô ma patrie! ô lâcheté infâme! aie la goutte!*

J'ai vu, dans des ouvrages même soignés, la conjonction *mais* en contact avec *hélas (mais hélas!)*;
cette union semble offrir une interjection composée : puisque *mais* ne peut jamais être déterminé
par *hélas*, et qu'au contraire cette conjonction doit
toujours se trouver en rapport grammatical avec
d'autres expressions explicites ou sous-entendues,
le contact de *mais, hélas!* serait nécessairement
abusif.

Il me semble que l'application du signe interjectif
ne peut offrir aucune difficulté qu'on ne puisse vaincre au moyen des distinctions que je viens de présenter; dans le cours de la section suivante on trouvera ce signe en concurrence avec le signe interrogatif, et à la fin, des observations sur la défectuosité
dans l'emploi du dernier et sur la préférence à accorder au premier.

SECTION VI.

Du Signe interrogatif.

L'application de ce signe est presque toujours indiquée grammaticalement; elle n'offre rien d'ambigu
dans des exemples tels que,

Qui peut commander aux oiseaux
De se fixer sur l'herbe tendre? ....
A la brebis *qui peut* défendre
De trépigner sous les ciseaux? ....

.... On m'appelle pour descendre, de sorte que je
suis obligée d'interrompre cet ennuyeux barbouillage;
qu'arrivera-t-il encore à
                    Votre triste mais obéissante PAMÉLA?.

Le code de l'étiquette impériale de Bonaparte est
le document le plus remarquable de la bassesse à laquelle on veut réduire l'espèce humaine; les machiavélistes diront que c'est ainsi qu'il faut tromper les
hommes, mais *est-il* vrai que de nos jours on trompe
les hommes?. SL.

Le signe interrogatif est placé à la fin des exemples suivants parce que le sens interrogatif y règne
jusqu'au terme de l'expression totale:

Qui m'interdit dans le bocage
De chanter tout le long du jour,
Et de confier au nuage
Ce qu'elle accorde à mon amour? ....

Où naissent les monstres et les passions exécrables,
que dans le palais des grands?. O.

Qui mérite le plus de confiance, des exagérés de
l'ancien régime ou des exagérés du nouveau?. SL.

Que peut-on dire sur les communes en Angleterre
mieux que Hume et Robertson, sur les révolutions de
la France depuis Clovis mieux que Mably?. ....

Aux batailles tant renommees de Miltiade, de Leo-
nide, de Themistocles, qui ont esté donnees deux mille
ans a, et vivent encores auiourd'huy aussi fresches en
la mémoire des livres et des hommes comme si c'eust
esté l'aultre hier qu'elles feurent donnees en Grece,
pour le bien de Grece et pour l'exemple de tout le monde, *qu'est-ce qu'on pense* qui donna à si petit nombre

de gents, comme estoient les Grecs, non le pouvoir,
mais le cœur, de soubstenir la force de tant de navires
que la mer mesme en estoit changée, de desfaire tant
de nations, qui estoient en si grand nombre que l'es-
quadron des Grecs n'eust pas fourny s'il eust fallu des
capitaines aux armees des ennemis, sinon qu'il semble
qu'en ces glorieux iours là ce n'estoit pas tant la bat-
taille des Grecs contre les Perses comme la victoire de
la liberté sur la domination et de la franchise sur la
convoitise?. BT.

Depuis *Aux battailles* jusqu'à *le monde* le discours
n'est qu'un adverbe logique qui modifie le verbe
donna exprimé dans la question grammaticale *qu'est-
ce qu'on pense qui* DONNA........, et l'interrogation
n'étant réellement complétée qu'avec le modificatif
énoncé depuis la conjonction *sinon* jusqu'à *convoitise* inclusivement , c'est après ce nom seulement
qu'on doit appliquer le signe interrogatif, à moins
qu'on ne le supprime.

> *Lequel est* le plus utile à l'état, d'un homme bien
> poudré qui sait précisément à quelle heure le roi se lè-
> ve ou se couche, et qui se donne des airs de grandeur
> en jouant le rôle d'esclave dans l'antichambre d'un
> ministre; ou d'un négociant qui enrichit son pays, qui
> occupe les pauvres, qui donne de son cabinet des or-
> dres à Surate, au Grand-Caire, et contribue au bon-
> heur du monde?. VT.

d'un homme....., *ou d'un négociant*...... sont les
compléments communs de l'interrogation , qu'on a
dû diviser par le point-virgule afin qu'après avoir lu
la fin du premier *(d'un ministre)* on ne prît pas
pour suite immédiate le commencement du second
(ou d'un négociant).
 Mais dans cet autre exemple on commettrait une
erreur grave en plaçant le signe interrogatif à la fin:

Ai-je assez exprimé l'horreur que doivent inspirer les Ravaillac, les Poltrot, les Clément, les Felton, les Salcède, les Aod?, j'ai pensé dire les Judith. Vᴛ.

Judith semblerait comprise dans l'énumération si le signe interrogatif suivait ce nom, tandis que placé après *Aod* la proposition finale n'est qu'un sens additionnel, comme en offrent ces citations:

> Comment y *aurait-il* des procès au monde si jamais une mauvaise cause ne trouvait d'avocat pour la défendre?; c'est une question que je soumets à toutes les académies de jurisprudence. Dᴅ.

> *Est-il* bien vrai qu'il y a cinq banqueroutiers qui se sont tués dans Paris?: comment peut-on avoir la lâcheté de voler et le courage de se donner la mort?; voilà de plaisants Caton d'Utique que ces drôles-là!.
>   Vᴛ.

> Où *peut-on* aller sans rencontrer des atomes?: *est-ce* au théâtre, dans les bureaux, à l'académie, au palais?; ils trouvent moyen de s'insinuer partout, grâce à leur ténuité et à leur élasticité. ....

> *Que signifient* ces mots de pont Rouge, de pont Neuf, et de pont des Arts?: le pont Rouge a depuis long-temps perdu sa couleur primitive, le pont Neuf est maintenant un des plus vieux de Paris, et le pont des Arts serait beaucoup mieux nommé le pont du Louvre. J.

On s'adresse souvent à soi-même une interrogation dans la seule intention d'y joindre une réponse, et dans ce cas il me semble logique de ne pas faire commencer la réponse par une capitale, à moins qu'un nom propre ou le commencement d'un vers ne l'exige:

> Y *a-t-il* rien de plus respectable que d'anciens abus?; oui, oui, la raison est encore plus ancienne. Mᴛǫ.

Qu'est-ce qu'un favori si fier de ses entraves?,
, Le second des tyrans, le premier des esclaves.   La.

Quel esprit ne bat la campagne?,
Qui ne fait châteaux en Espagne?:
Picrocholle, Pyrrhus, la laitière, enfin tous,
Autant les sages que les fous.   XII, 10.

Quand ma lèvre de poils s'ombrage
M'entend-on me plaindre et crier?:
Non!, c'est quand la main du barbier
Me les arrache du visage.   ....

Pourquoi Timante, à la fois riche et spirituel, exer-
ce-t-il des fonctions ignobles qui le mettent en rapport avec des hommes qu'il méprise?), par avarice.
                                          ....

Ce carrosse où se pavane Méraut combien de fois
l'a-t-il nettoyé!. *Comment est-il* devenu si grand?), par
avarice.   ....

Est-on héros pour avoir mis aux chaînes
Un peuple ou deux?, Tibère eut cet honneur;,
Est-on héros en signalant ses haines
Par la vengeance?, Octave eut ce bonheur;
Est-on héros en régnant par la peur?,
Séjan fit tout trembler, jusqu'à son maître :
Mais de son ire éteindre le salpêtre,
Savoir se vaincre, et réprimer les flots
De son orgueil, c'est ce que j'appelle être
Grand par soi-même, et voilà mon héros.   RP.

Il y a là une opposition attachée par le deux-points
à une série d'interrogations chacune suivie de sa
réponse.

Dans les citations déjà offertes chaque expression
interrogative a provoqué l'application du signe interrogatif, mais plusieurs interrogations grammaticales n'exigent pas toujours plusieurs fois l'application de ce signe, comme dans,

Prêterez-vous et *aurez-vous* la constance de tenir ce
serment?).

Une chaudière. étant donnée avec la quantité d'eau
requise, combien *sortirait-il* de vapeur en un certain
temps par divers orifices, et *à quels* degrés de tension?.

La seconde interrogation grammaticale n'est que le
complément de l'interrogation logique, car *quels de-*
grés..... ne se rapporte évidemment qu'à *vapeur.*

L'appui de Rome, le chef des nations, *est-il* vivant,
ou Rome en le perdant *a-t-elle* tout perdu?. Mм.

est-il....., *a-t-elle*....., ont également Rome pour
objet, et conséquemment forment une seule interrogation logique.

Il faut aussi distinguer entre une question principale et ses divisions : la question suivante, extraite
d'une série de dix-sept problèmes, contient une division de cinq interrogations grammaticales, et pourtant l'auteur n'en fait que deux interrogations logiques:

2° *Quelle est* l'action de la chaleur sur les corps so-
lides, *quels sont* les phénomènes qu'ils présentent lorsqu'ils sont pénétrés d'une chaleur extraordinaire?; se
pénètrent-ils tous indistinctement de la même quantité
de chaleur, et quand ils en sont pénétrés *peuvent-ils* la
conserver ou la perdre, et *comment* la conservent-ils
ou la perdent-ils?.

C'est que la division de cette question ou problème
a convenu à l'auteur pour l'ordre de son travail.

Mais quel parti faut-il prendre quand une interrogation est terminée par un sens partiel affirmatif?
en voici trois exemples:

Quel est celui qui n'ayant pas les qualités nécessaires pour un emploi avantageux, veuille bien le reconnaître et se rendre à soi-même cette justice : Non, je
n'ai pas ce qu'il faut pour occuper telle place. (?) O.

Faut-il dire avec M. A. J...... : Les belles-lettres et

les sciences bien étudiées et bien comprises sont des
instruments universels de raison, de vertu, de bonheur. (?)

> Te *souvient-il* du jour que dans cette bruyère
> Tu chantais, en goûtant la fraîcheur du matin,
> Ces beaux vers imités du grand pasteur latin:
> « Revenez, revenez, aimable Galatée. ......» (?)   RP.

Ces exemples présentent chacun une première partie qui exprime l'interrogation, et une seconde partie qui en est le complément : il serait absurde de
joindre entre ces deux parties le signe interrogatif
au deux-points, qui est là de rigueur, d'autant plus
que le sens entier de l'interrogation n'est réellement
achevé qu'après les citations, lesquelles à leur tour
ne peuvent se terminer par le signe interrogatif parce qu'elles-mêmes sont affirmatives : « Le sens inter-
» rogatif étant assez clair par le commencement des
» phrases *(Quel est....., Faut-il....., Te souvient-*
» *il.....),* on peut négliger le *signe* interrogatif, com-
» me on néglige l'accent circonflexe dans *nous haî-*
» *mes* au passé défini et dans *qu'il haït* à l'imparfait
» du subjonctif. (SOLUTIONS *de Domergue et Boni-*
» *face.*)» Peut-on donner un avis plus judicieux? on
le suit même sans qu'on s'en doute pour ainsi dire,
car le signe interrogatif est en quelque façon absorbé
à la fin d'une longue période commencée par un sens
interrogatif et terminée par plusieurs propositions
affirmatives qui font néanmoins partie de l'interrogation.

Il arrive souvent que des interrogations grammaticales ne forment qu'un sens logique conditionnel,
et excluent conséquemment le signe interrogatif,
comme ces citations:

Aimez-vous la vie, ne dissipez pas de temps, car la
vie en est faite. ....

Êtes-vous marchand, ne prenez pas la BONNE FOI pour

enseigne, mais prenez-la pour règle de conduite; *êtes-vous* magistrat, n'obéissez qu'à la loi; *êtes-vous* ministre, songez au temps où vous ne le serez plus; *êtes-vous* inaperçu dans le monde littéraire, ne faites pas faire votre portrait; *aimez-vous* la vérité, ne lisez pas les journaux fanatiques; *êtes-vous* libraire, ne vendez pas du papier blanc; *êtes-vous* dévote, ne mettez pas de rouge; *êtes-vous* jolie femme, ne vous mêlez pas d'intrigues politiques; *êtes-vous* marié, ne plaisantez pas sans cesse sur les maris trompés; *êtes-vous* malpropre, débarbouillez-vous, mais ne jetez pas votre linge sale au nez des autres. ....

Avez-vous commis des fautes, ne craignez pas de les réparer; votre âme *est-elle* malade, cherchez à la guérir. Cf.

Veut-on élever le caractère de l'homme, *veut-on* améliorer ses mœurs et former de bons citoyens, *veut-on* augmenter et consolider la confiance réciproque, que l'on respecte impassiblement la justice. ....

Dans ces interrogations purement grammaticales la conjonction conditionnelle *si,* nécessairement sous-entendue, doit être rétablie par l'esprit du lecteur: si *vous aimez la vie,* si *vous êtes marchand,* si *vous avez.....,* si *l'on veut.....* Qu'on n'oublie pas cependant que lorsque cette conjonction est exprimée elle dispense d'appliquer la virgule exigée par la forme interrogative : « *S'*il fait beau j'irai vous voir, » ou « J'irai vous voir *s'*il fait beau, » et « *Fait-il* beau, je sors. »

Il arrive au contraire qu'une interrogation logique est présentée tout-à-fait par une expression affirmative, comme lorsque en désignant de la main un objet on demande en disant,

C'est là ce dont vous parlez?

ou quand voulant sortir on s'exprime ainsi pour

savoir si une personne présente veut vous accompagner:

> Vous venez avec moi?.

N'est-ce pas abusivement qu'on emploie le signe interrogatif, qui est réellement spécifique, pour marquer un sens vocatif? J. J. Rousseau devait penser affirmativement à cet égard, puisqu'il dit dans son *Essai sur l'origine des Langues*, ch. V: « Pourquoi » n'avons-nous pas de point vocatif? le point interro- » geant, que nous avons, était beaucoup moins néces- » saire, car par la seule construction on voit si l'on » interroge ou si l'on n'interroge pas, au moins dans » notre langue : *venez-vous* et *vous venez* ne sont pas » la même chose (1); mais comment distinguer par » écrit un homme qu'on nomme d'un homme qu'on » appelle? c'est là vraiment une équivoque qu'eût le- » vée le point vocatif; la même équivoque se trouve » dans l'ironie quand l'accent ne la fait pas sentir. » En attendant que l'on propose la figure de ces signes, et surtout qu'on puisse les faire adopter, ce qui est bien douteux, car je ne connais encore personne qui ait imité l'*e* à accent droit inventé si à propos et employé si judicieusement depuis dix à douze ans par M. P. Didot dans ses éditions classiques, dans le but de faire disparaître les contradictions produites par les diverses éditions du dictionnaire de l'Académie relativement à l'orthographe de l'adverbe *complette-ment*, imprimé tantôt avec le doublement du *t*, tantôt avec un *é*, tantôt enfin avec un *è*, et d'une grande quantité d'autres mots que l'*e* douteux fait entrer dans la même catégorie; en attendant, dis-je, qu'on ait ces nouveaux signes modificatifs, je crois que la bonne logique exige que le signe interrogatif soit

---

(1) Jean-Jacques se trompe ici, mais il ne parle de la ponctuation qu'en l'effleurant, dans une note : il serait bien à souhaiter qu'un métaphysicien tel que lui eût traité cette question à fond.

exclusivement réservé à marquer les interrogations,
et que le signe interjectif soit consacré à l'indication
des sens vocatif et ironique chaque fois qu'ils sont
modifiés par un sens interjectif.

Les sections suivantes offriront dans leurs exemples le signe interrogatif en relation avec les signes
auxiliaires de la ponctuation.

CHAPITRE III.

DES SIGNES AUXILIAIRES DE DIVISION.

J'ai cru devoir comprendre dans un même chapitre et désigner par l'épithète d'*auxiliaires* tous les
signes dont l'application ne peut avoir lieu que dans
un assemblage de mots déjà divisé d'une manière
quelconque par les signes de division proprement
dits; en effet ceux-là ne jouent véritablement d'autre rôle que d'aider, de fortifier, ceux-ci : une proposition n'est-elle pas achevée, le signe suspensif seul
l'indique; une phrase incidente n'est-elle pas assez
détachée par la virgule, les crochets ou les parenthèses l'isolent plus fortement; le point intermédiaire
dans une période étant le même pour la figure que le
point final, un tiret joint au premier ajoute à sa valeur, et un alinéa après le second le fortifie progressivement. Je pense qu'on sera convaincu de la justesse de cette distinction après avoir vu l'application
détaillée des signes auxiliaires.

SECTION VII.

Du Signe suspensif.

Plusieurs points successifs, au nombre de trois
au moins, figurent ce signe, le seul qui provoque

spécialement une pause ou un repos dans la lecture muette et articulée, soit qu'il indique une *réticence,* ou la figure appelée *suspension.*

RÉTICENCE.

Quoique le signe suspensif en marquant une réticence serve simultanément de signe de division et soit toujours suivi d'une lettre capitale, cet usage me semble contraire à la logique : par exemple, de quelque manière que l'on supplée à l'omission dans la citation suivante, il est certain qu'entre l'énonciation et la proposition il y a une relation intime qui forme seule le sens total, relation d'ailleurs exprimée grammaticalement par le conditionnel *je devrais* et la conjonction adversative *mais,* et que le point et la capitale figurés entre parenthèses auraient tort de rompre matériellement :

Je devrais sur l'autel où ta main sacrifie
Te•••;(. M)mais du prix qu'on m'offre il faut me contenter. R.

La même relation, quoique non exprimée grammaticalement, règne dans le sens total de cette autre citation, et doit conséquemment en exclure la capitale :

La douceur de sa voix, son enfance, sa grâce,
Font insensiblement à mon inimitié
Succéder•••; (J) je serais sensible à la pitié ! R.

Mais cette relation n'existe pas dans l'exemple suivant :

Mais tout n'est pas détruit, et vous en laissez vivre
Un•••• Votre fils, seigneur, me défend de poursuivre. R.

SUSPENSION.

Le signe suspensif doit ne servir simultanément de division et de suspension que lorsque le sens logique commande l'application du point, et dans ce cas même on me paraîtrait agir judicieusement en déta-

chant ce point du signe suspensif par un faible espace, comme on le verra ci après.

Le signe suspensif marque : 1° des repos naturels
dans une narration ou dans un tableau dont le sens
total présente une opposition:

On proclame à haute voix le nom de Jules-Emma-
nuel-Victor Binome; un jeune homme se lève à l'ex-
trémité supérieure de la salle, tous les yeux se portent sur lui, il descend; on s'empresse de se déranger
pour lui ouvrir un passage, mais on a le temps de s'interroger : « Quel est-il? quel âge a-t-il?... Quel air
modeste! quelle figure aimable!... Que sa mère doit
être heureuse!... la voilà. —Où donc?—Là..., cette
dame qui s'essuie les yeux,...» et mille autres propos,
que le jeune homme recueille en allant recevoir la
couronne. J.

> Reviens;... la mer s'élance..., arrête!
> Vois, crains, fuis, ces flots suspendus!
> Ils retombent!... Dieux! la tempête
> L'entraîne à mes yeux éperdus.
> Divin Racine! ombre immortelle!
> Ton fils,... il expire, il t'appelle, *eto.* Ls.

> Dans ce vain tourbillon où l'on respire à peine,
> Dans ce bruyant dédale où l'envie, et la haine,
> L'ambition, l'orgueil, la vengeance, et l'amour,
> Divisés d'intérêt, se croisent tour-à-tour,
> Vous n'aviez point vécu. ... Votre âme va renaître:
> Vous serez sans flatteur, mais vous serez sans maître;
> Au lieu de ces grandeurs,
> Palès vous offre encor des jours purs et sereins,
> Le tranquille sommeil, l'amitié, l'abondance,
> La paix, les doux loisirs, la noble indépendance. Ls.

2° Un sens qui provoque dans l'esprit du lecteur quelque réflexion subsidiaire:

M. N. Duprat, officier vendéen, qui s'était fait distinguer par l'adresse avec laquelle il pointait une pièce,

dirigeait au siége de Thionville un boulet contre un officier républicain en reconnaissance, qui n'atteignit
que le cheval de cet officier; c'était son père.••• ···

J'entrai dans la seconde pièce, où je fus reçu tout
aussi cavalièrement par les valets-de-chambre, qui li-
saient les gazettes; comme ils continuaient en ma présence, j'arrachai le journal de la main du lecteur en
lui ordonnant de m'annoncer; un peu surpris de mon
ton et de mon impatience, « Son Excellence, me dit-
il, ne reçoit personne avant deux heures.—Personne?
—Non, monsieur, personne, excepté un de ses amis,
qu'il attend à déjeuner.—Et si c'était moi!•••—Vous!
monsieur (et toujours un coup-d'œil sur mon para-
pluie)?—Moi-même•••; allez, et annoncez M. de Tr.»
                                                      J.

J'ai acheté une copie qui me coûte un peu cher, à la
vérité, mais elle est d'un auteur!••• c'est de l'or en
barre. Ls.

3° Un jeu de mot:

Ainsi, quelque confiance que j'aie dans mon ouvrage et dans le jugement de mes amis, si vous m'assurez
que les muscles faciaux du journaliste parisien par les
mains de qui je dois passer, excèdent les dimensions
ordinaires, je suis déterminé à différer la publication
de mon livre jusqu'à ce que cet aristarque joufflu soit
enterré•••à l'académie. MAIGRET.   J.

4° Un sens interrompu ou même non achevé:

Trouvez-vous la dépense trop forte, diminuez-la,
ce sont vos affaires, mais je tiens à mon souper; c'est
un repas charmant : il termine la journée, il peut se
prolonger sans nuire aux travaux; on s'y livre avec
plus de gaieté, avec plus d'abandon; nos soupers, enfin,•••—Sont fort ennuyeux depuis qu'on n'y parle

plus que politique, et que la dispute y remplace la
causerie. J.

PHÈDRE.

Tu vas ouïr le comble des horreurs:
J'aime•••; à ce nom fatal je tremble, je frissonne;
J'aime•••

ŒNONE.

Qui ?

PHÈDRE.

Tu connais ce fils de l'Amazone, *etc.*   R.

O ciel! plus j'examine et plus je le regarde;•••
C'est lui! d'horreur encor tous mes sens sont saisis.   R.

THÉSÉE.

La fortune à mes vœux cesse d'être opposée,
Madame, et dans vos bras met•••

PHÈDRE.

Arrêtez, Thésée.   R.

Un nombre plus ou moins considérable de points
successifs marque dans une citation en prose ou en
vers qu'on rapporte, une interruption qui n'interver-
tit pas le sens total combiné:

Je ne dirai pas des courtisanes en plein vent,
.... J'en fais assez de cas,
   Leur art est doux et leur vie est joyeuse,

car je pense au contraire que leur art est odieux et
leur vie très à plaindre. J.

C'est moi qui suis cette vierge sacrée,
 Fille du ciel, des anges adorée :
Voyez ce teint pâle et mortifié,
Ces yeux roulants, ce front sanctifié,
Cette ferveur dont les aigres censures
 N'épargnent pas les vertus les plus pures,
Ces fiers sourcils de la joie offensés,
Et ces soupirs en public élancés;
C'est moi, vous dis-je...........
....
On ne sait plus, grâce à ces artifices,
Comment sont faits les vertus ni les vices.   RP.

Un nombre de points successifs proportionné marque aussi une lacune de quelques mots ou lignes illisibles sur une inscription ou sur un manuscrit que l'on copie; il marque encore le prolongement d'un bruit quelconque, de la détonation d'une bouche à feu, par exemple, quand il est joint au mot employé pour imiter ce bruit:

> Le perroquet de M. de Bougainville, moins remarquable par son plumage que par son babil, était depuis deux ans à bord du vaisseau de ce célèbre navigateur, lorsque après un engagement assez vif avec un vaisseau ennemi, Kokoly (c'était le nom du perroquet) disparut; on le crut mort au champ d'honneur, du vent, sinon du coup de quelque boulet, mais, à la grande surprise de tout l'équipage, on le voit sortir au bout de deux jours d'un rouleau de câble, où il s'était blotti, et se montrer insensible à toutes les prévenances dont il est l'objet : promenant autour de lui des regards hébétés il ne répond à toutes les questions qu'on lui fait que par une imitation du bruit qui l'a tant effrayé : *Poum!.... poum!.... poum!....* sont les seuls mots qu'il fasse entendre et qu'il puisse désormais proférer; vingt ans après son combat naval il répétait sa canonnade éternelle, en l'accompagnant d'un tremblement des ailes et de la tête, où se peignait encore sa frayeur. J.

Quand on ne veut pas faire connaître entièrement un mot ou un nom propre on n'écrit que la lettre initiale ou la première lettre de chaque syllabe, en ajoutant autant de points qu'on a supprimé de lettres, comme *p*....... ou *p.l..s..* pour *polisson*, *R*...... ou *R.p.n..* pour *Rapinat*, etc., car lorsqu'on emploie des étoiles au lieu de points, on en met seulement une par syllabe supprimée, *F** pour *Forfait*, *G**

pour *Grugeon*, etc., la lettre initiale tenant lieu de
la première syllabe.

On se sert enfin de points successifs , dits *con-
ducteurs*, dans des tables de matières, des états de
dépenses, de recettes, ou autres, dans des colonnes
en regard, pour conduire la vue du dernier mot de
chaque article ou objet à la pagination, à la somme,
ou à la ligne, qui est en correspondance.

SECTION VIII.

Des Parenthèses et des Crochets.

L'idée propre de la parenthèse, qui signifie *phrase
insérée*, a fait naître les deux traits circulaires, imitation des segments d'un cercle, qui eux-mêmes ont
reçu le nom de *parenthèses;* elles marquent l'intercala-
lation des phrases plus isolées et propres à un sens
plus indépendant que les phrases incidentes. Je ne
vois que trois distinctions essentielles à faire pour
l'application de ces signes auxiliaires.

1° Ils tiennent constamment lieu de tout signe
de ponctuation aux jonctions de l'insertion qui est
effectuée entre deux mots d'ailleurs indivisibles,
comme dans;

> Lorsque Biron fut reçu chevalier on rappelait ses ti-
> tres de noblesse et l'on ne disait rien de ses services :
> « Voilà (dit-il en mettant ses parchemins sur le bureau)
> ce qui me déclare noble, et (en portant la main sur
> son épée) voilà ce qui m'aurait fait noble si je ne l'a-
> vais pas été. » J.

> Ce (ou, comme le veut l'Académie, contre l'usage,
> cette) quadrille hétérogène devait partir.... J.

> La famille était réunie dans la chambre de Rober-
> tine, qu'un violent mal de tête retenait au lit ; ses yeux

15

étaient étincelants, sa peau brûlante, sa respiration
pénible ; l'air de sécurité répandu sur toutes les figures
était motivé par l'assurance doctorale d'un jeune mé-
decin en titus artistement bouclée, lequel assurait (en
se regardant au miroir et en secouant du bout du doigt
le reste d'une prise de tabac tombé sur son jabot de
batiste) « que le pouls n'avait plus qu'un mouvement
fébrile, effet inévitable du paroxisme de la veille.» J.

Comme les signes interjectif et interrogatif ne sont
pas des signes de division, il faut les appliquer indépendamment des parenthèses afin de faire sentir
la modification qu'ils adaptent au sens intercalé,
comme,

Qu'on juge de ma surprise (où est le temps où j'aurais dit, de mon bonheur!.) en reconnaissant M⁰⁰
B****! ....

2° Quand la phrase est insérée entre deux mots divisés par un signe de ponctuation ce signe se transpose après la parenthèse fermée si l'intercalation a
rapport au sens qui précède, comme ici :

Tu prends ta foudre au lieu de me répondre (disait
Mercure à Jupiter), tu as donc tort.

Le pont des Arts est construit en fer (ce à quoi l'a-
cadémie n'a point pensé dans l'article de son dictionnaire où elle définit le mot pont, « bâtiment de pierre
ou de bois élevé au-dessus d'une rivière») ; le premier
pont en fer que l'on a vu en Europe (il existe en Chi-
ne deux anciens modèles de ce genre de construction)
est celui de Colebrook-Dale, dans le Shroopshire. J.

Le signe de ponctuation reste au contraire avant l'ou-
verture de la parenthèse si la phrase intercalée n'a
de rapport qu'au sens qui suit, comme par exemple:

Alcibiades, en Platon, aime mieulx mourir ieune,
beau, riche, noble, sçavant, (tout cela) par excel-

lence, que de s'arrester en l'estat de cette condition.

Mᴛ᎐.

Voici la liste des ouvrages de M. Charles de Long-
champs : 1°......; 6° *l'Ivrogne corrigé*, comédie en un
acte et en prose; (en société avec M. Jouy) 7° *Comment faire?* vaudeville; (avec MM. Jouy et Dieulafoi)
8° *Dans quel siècle sommes-nous?* vaudeville, etc.

3° Quand le discours intercalé a un sens indépendant du sens qui précède et de celui qui suit, les jonctions du discours avec l'intercalation et le discours
inséré se ponctuent abstraction faite des parenthèses :

> Parmi les poètes auxquels nous devons les meilleu-
> res chansons à boire je n'oublierai pas Dufresny; ses
> Plaintes bachiques sont d'une gaieté franche et spiri-
> tuelle. (Il nous les chanta, et l'on rit beaucoup du cou-
> plet qui finit par ces vers que l'ivrogne adresse au ciel
> en rentrant chez lui, où il voit les objets doubles :
>
>> Je n'avais qu'une femme et j'étais malheureux!
>> Par quel forfait épouvantable
>> Ai-je donc mérité que vous m'en donniez deux?)
>
> Dans le genre bachique nous possédons, etc. J.

Les crochets sont avec la ponctuation dans les
mêmes rapports que celle-ci avec les parenthèses; en
général on ne les emploie dans un ouvrage que quand
les parenthèses y jouent déjà un rôle particulier,
comme dans cette citation :

> Encores hier ie feus à mesme de veoir un homme
> d'entendement et gentil personnage se mocquant aussi
> plaisamment que iustement de l'inepte façon d'un aul-
> tre qui rompt la teste à tout le monde [du registre] de
> ses genealogies et alliances, plus de moitié faulses (ceux
> là se iectent plus volontiers sur tels sots propos qui ont
> leurs qualitez plus doubteuses et moins seures); et luy
> s'il eust reculé sur soy se feust trouvé non gueres moins

intemperant et ennuyeux à semer et faire valoir les pre-
rogatives de la race de sa femme. **Mtg.**

C'est que dans l'édition où j'ai puisé ce passage les
crochets sont destinés exclusivement à renfermer
des explications pour ainsi dire locales nécessaires à
l'intelligence du texte, et les parenthèses sont consa-
crées à reproduire un sens subsidiaire indépendant.

Quoique de nos jours on se serve très-peu des
crochets, ils ont néanmoins encore leur utilité spéciale : dans la nouvelle édition du *Répertoire universel de jurisprudence* ils marquent toutes les parties
de cet ouvrage qui sont de l'éditeur même, ce qui
sert à les faire distinguer de celles qui n'ont été
que réimprimées ou retouchées; dans l'édition in-8°
en 26 volumes du *Buffon* dont M. Rapet a été l'éditeur les crochets font distinguer les additions aux
articles faites postérieurement par le naturaliste et
classées dans leur ordre naturel par M. le comte de
Lacepède; ce qui n'empêche pas les parenthèses de
jouer un rôle secondaire dans ces deux ouvrages.
Quelquefois une nouvelle édition n'a de distinction
matérielle avec son antérieure que par des crochets
substitués aux parenthèses des folios ou numéros des
pages; enfin on s'en sert aussi pour marquer une
intercalation qui en contient elle-même une autre
indiquée par les parenthèses, comme dans ce cas:

Durfort est mon ami d'enfance : il est appelé à une
place éminente; il connaît mes besoins, et plus d'un
emploi est à sa disposition; il est flatté de me voir,
mais il n'est pas obligé de deviner l'objet de ma visite
[tous les amis ne ressemblent pas à ceux du Monomo-
tapa (La Fontaine, fable des *Deux amis*)]; je le mets
sur la voie... J.

SECTION IX.

Du Tiret ou Moins.

L'un des principaux rôles du tiret (1) est de rendre plus sensible la division de la virgule, du point-virgule, et du point, comme dans ces exemples successifs :

Voici quelques-unes des questions inscrites sur mes tablettes : *Pourquoi* des balayeurs déjà payés par l'administration municipale exigent-ils dans les pluies abondantes et dans les fontes de neige une rétribution de gens à pied qui ne veulent pas se mettre dans l'eau jusqu'à mi-jambe?,—*pourquoi* ces mêmes hommes font-ils des bâtardeaux pendant la nuit pour retenir des eaux qui le lendemain formeront des rivières?,—*pourquoi* les bouchers étalent-ils au-dehors des cadavres d'animaux qui choquent la vue et salissent les habits des passants?,—*pourquoi* les blanchisseurs s'attribuent-ils le privilége d'avoir sous leurs charrettes des dogues énormes qui s'élancent aux jambes de ceux qui passent à leur portée?, etc.

Nous voudrions qu'on nous expliquât *pourquoi* il est *reçu* de se mouiller, de se geler, dans un cabriolet, tandis qu'il est souverainement ridicule de se laisser voir dans une demi-fortune bien commode et bien close;—*pourquoi* le mot *épouse*, du style le plus noble au théâtre, est dans le monde une expression de mauvais goût;—*pourquoi* la meilleure tragédie a tant de peine à atteindre la vingtième représentation, tandis que *les Ruines de Babylone, la Chatte merveilleuse*, etc.,

---

(1) En typographie on l'appelle *moins* par rapport à sa ressemblance avec le signe algébrique qui porte ce nom.

en obtiendront pour le moins cent cinquante, etc., etc.

J.

Quelques citations feront connaître l'*Instruction pour le code* que fit Catherine II pour ses peuples. « Quoique dans les monarchies les écrits amèrement critiques ne puissent pas être tolérés, on ne peut cependant les considérer comme criminels, car une trop grande sévérité sur cette matière deviendrait une tyrannie d'esprit qui engendrerait la barbarie, en ôtant le droit d'écrire et en étouffant le génie.—Voulez-vous prévenir les crimes, établissez devant la loi l'égalité parfaite des citoyens ; faites qu'ils craignent tous la loi, qu'ils n'aient pas d'autres craintes ; que de toutes les libertés celle de faire le mal soit la seule proscrite ; récompensez la vertu, civilisez les hommes, perfectionnez l'éducation.—Qu'elle est malheureuse la monarchie où le citoyen condamné au silence n'ose découvrir ses craintes sur l'avenir ! un pareil état de choses ne saurait convenir qu'à ces vils flatteurs qui ne cessent de répéter aux souverains de la terre que les peuples existent pour eux. » ....

L'autre principal rôle du tiret est de remplacer les *dit-il*, les *dit-elle*, etc. (1), ce qui comprend les noms des interlocuteurs exprimés d'abord et qu'on veut s'abstenir de répéter ; est-il donc raisonnable d'appliquer ce signe dans des passages tels que ces

_____

(1) « ..... Je proposai, il y a quelques années, dans l'un des articles de l'Encyclopédie, de supprimer les *dit-il* et les *dit-elle* du dialogue vif et pressé. »
(Préface des *Contes mor.* de Marmontel.)

« Sterne, dans son *Tristram Shandy*, s'est servi à chaque page de traits au lieu de virgules,..... pour suspension..... Ces traits ont été empruntés par Marmontel et beaucoup d'autres. »
(CROFT, *Horace éclairci par la ponctuation*, p. 77 et 78.)

exemples, où chaque changement d'interlocuteur est
indiqué grammaticalement :

Souwarof présenté à Catherine II, à qui chaque officier demandait des grâces particulières, « Et vous,
général, *lui dit-elle,* que désirez-vous? Que vous
fassiez payer mon logement, » *répondit* le cynique militaire. Son logement coûtait 5 roubles (6 francs) par
mois. ....

Catherine II, qui admettait quelquefois dans sa société intime des ambassadeurs, des généraux, et des
gens de lettres, leur dit un jour : « Que pensez-vous
que j'eusse voulu être si je n'étais pas née femme ?
Homme de lettres, dit quelqu'un. Plutôt général, dit
M. de Ségur. Vous vous trompez, répondit Catherine,
je me serais fait tuer lieutenant à la première charge. »
....

Les changements d'interlocuteur étant partout exprimés, l'application du moins y serait à coup sûr
abusive, parce qu'elle produirait un double emploi
inutile; mais elle est indispensable dans les cas suivants, où le moins tient réellement lieu des noms
des interlocuteurs préalablement et explicitement
introduits :

Je vous offre mon crédit, dit un représentant du
peuple à Latour-d'Auvergne, premier grenadier de
France.—Je l'accepte.—Eh bien, voulez-vous un ré-
giment?—Non, je veux une paire de souliers. ....

J'étais à huit heures du matin à l'hôtel d'Avranches,
où demeure ce jeune homme. « Monsieur Ernest de
Lallé?—Il n'y est pas.—Comment! déjà sorti?—Non,
monsieur.— J'entends, il n'est pas encore rentré?—
Pardonnez-moi.— S'il est rentré et qu'il ne soit pas
sorti il faut bien qu'il y soit?—Sans doute, monsieur;.... cependant il n'y est pas : en ma qualité de
portier je n'en sais pas davantage, mais voici M. Hen-

ri, son valet-de-chambre : expliquez-vous avec lui.—
Je demande votre maître ;... j'ai à lui parler et il a besoin de me voir.—Ah! je connais bien monsieur, mais
c'est que... dans ce moment..., voyez-vous..., M. Ernest....—Henri, vous êtes bien gauche et bien indis-
cret pour un valet-de-chambre de bon ton; allez dire
bien bas à votre maître que je l'attends dans le jardin
de l'hôtel.» J.

> L'homme, sourd à ma voix comme à celle du sage,
> Ne dira-t-il jamais, C'est assez, jouissons.
> Hâte-toi, mon ami, tu n'as pas tant à vivre.
> Je te rebats ce mot, car il vaut tout un livre :
> Jouis.—Je le ferai.—Mais quand donc?—Dès demain.
> —Eh! mon ami, la mort te peut prendre en chemin,
> Jouis dès-aujourd'hui.   VIII, 7.

Le choix du lieu qu'occupe le moins dans les exemples précédents n'est pas embarrassant parce que la
reprise de chaque interlocuteur n'y forme pas un
alinéa ou n'offre pas une citation de vers comme
l'exemple suivant, où le second moins n'étant mis
que pour un nom, doit être situé précisément à la
place qu'occuperait ce nom s'il était exprimé, sauf
à ne pas observer la rentrée par laquelle on marque
un alinéa :

> Pour cette fois j'en ai rencontré un des nôtres, me
> dit le baron, et je puis vous donner des renseigne-
> ments.—Vous savez donc
>
> Quel est son rang, sa patrie, et ses dieux ?
>
> —Non, mais je sais qu'il se nomme, etc. J.

Mais lorsque chaque reprise du colloque forme un
alinéa dans la prose, le signe de l'interlocuteur se
place en tête, non à la fin ; et quand dans la poésie
la reprise a lieu au commencement d'un vers, le tiret se place comme dans la prose dont le dialogue
est distribué en alinéas :

Bien que votre ton suffisant
Prête un beau champ à la satire,
Ce n'est point vous quant à présent
Que ma muse a voulu décrire.
— Et qui donc?—Je vais vous le dire:
C'est un prêtre mal décidé,
Moitié robe, moitié soutane,
Moitié dévot, moitié profane,
Savant jusqu'à l'A B C D,
Et galant jusqu'à la tisane;
Le reconnaissez-vous?—Selon.
—C'est celui qui sous Apollon
Prend soin des haras du Parnasse,
Et qui fait provigner la race
Des bidets du sacré vallon;
Le reconnaissez-vous mieux?—Non.
—Ouais! pourtant sans que je le nomme
Il faut que vous le deviniez:
C'est l'aîné des abbés noyés.
—Oh! oh! j'y suis : ce trait peint l'homme
Depuis la tête jusqu'aux pieds.   RP.

Outre les deux principaux rôles dont je viens de parler, le moins remplit encore diverses fonctions analogues.

1° Dans certains dictionnaires où l'on veut utiliser le plus possible l'espace, chaque article ne forme qu'un seul alinéa, mais les alinéas que la division des matières contenues dans cet article nécessiterait d'ailleurs, sont indiqués par la simple introduction du moins.

2° Dans les journaux ou les écrits semi-périodiques les alinéas mêmes rapportés sous une seule rubrique ou sous un titre générique sont souvent précédés du moins pour indiquer le changement de sujet.

3° Le moins tient lieu de la répétition, soit du mot qui fait le sujet d'un article dans les lexiques ou dictionnaires,

RAISONNER, *v. n.*, se servir de sa raison pour connaître, pour juger.—*juste,*—*de travers.*

soit d'un nom d'ouvrage dans des catalogues, des tables,

Histoire de France, par Lacretelle.
— critique d'Autriche, par....
Liberté individuelle, t. II, p. 8.
— de la presse, I, 80.

soit d'une ou de plusieurs lettres, d'une ou de plusieurs syllabes, dans une signature anonyme,

D—G, etc.

soit enfin de la préposition *à* ou de la locution *jusqu'à* dans,

Pages 2—6, t. I—XIII, chap. XIV—XX, etc.

où cependant l'on emploie de préférence le petit tiret-, ou trait d'union, appelé *division* par les typographes.

SECTION X.

De la Variation et Gradation des Caractères.

Si les signes de division contribuent à produire l'intelligence du sens, ils sont impuissants pour rendre plus sensibles certaines expressions ou phrases que l'on veut faire remarquer plus particulièrement dans le discours; c'est pour cela que dans l'impression on a recours soit à l'italique, soit aux petites et aux grandes capitales successivement.

Par exemple, l'ITALIQUE fait distinguer des expressions comparatives dans ces citations:

Les mendiants du peuple se contentent encore de *s'incliner,* mais les mendiants des classes supérieures *s'agenouillent,* et ceux de distinction *se prosternent.* J.

Le hasard a voulu que je reçusse trois invitations pour le même jour : le bonnetier me priait *de lui faire l'amitié*, le financier *de lui faire le plaisir*, et le prince *de lui faire l'honneur*, de passer la soirée chez eux. J.

Bonsoir, mon ami ; comment *te portes-tu ?*— Fort bien, mon ami ; comment *te nommes-tu ?* J.

On dit communément, *Je te dirai qui tu es, dis-moi qui tu hantes;* on peut dire avec tout autant de certitude, *dis-moi ce que tu lis, je te dirai qui tu es.* J.

Il fait remarquer les expressions du jargon dans les passages suivants :

(La baronne.) Vous n'étiez pas hier *aux Bouffes?* c'est d'un *ridicule achevé !* il y avait un monde *fou*, et *la* Catalani a chanté *à miracle.*

(Le chevalier.) J'étais allé *tout bêtement* aux Français voir *un début ;* et puis, s'il faut vous le dire, *Maame*, votre opéra *seria* est ennuyeux *à peste.* Il est *inouï* qu'on *entende sans cesse* vanter ces *niaiseries musicales* qui viennent expirer dans l'oreille à l'*insu* de l'esprit et du cœur; *il y a pour en mourir.*

(La baronne.) Moi j'ai *l'âme* plus près de la *peau*, etc. J.

Un *Suisse d'Amiens* a été chassé par son maître pour avoir dit tout bonnement que monsieur n'était pas au logis, au lieu de, *Monsir n'être pas au lôchis.* ....

Il fait ressortir des pensées, des proverbes, des maximes, des définitions, etc. :.

Dans tous les états, dans toutes les conditions, *c'est une roue de cuivre qui fait mouvoir une aiguille d'or.* J.

Le général romain Julius Agricola disait, *Il vaut mieux offenser que haïr.* ...

Sous Philippe-le-Bel les ceintures dorées devinrent l'apanage exclusif des courtisanes ; les femmes honnêtes de ce temps-là s'en consolèrent en créant le pro-

verbe, *Bonne renommée vaut mieux que ceinture dorée.*
J.

Le meilleur mot qui ait été dit sur la barbe est celui d'Henri IV, *Le vent de l'adversité a soufflé sur ma barbe.* J.

Le sourd-muet Massieu définit les sens, des *porte-idées*, l'éternité, *un jour sans hier ni demain*, la reconnaissance, *la mémoire du cœur.* J.

Les courtisans, qu'il ne faut pas toujours confondre avec des hommes de cour, n'ont jamais été jugés plus sévèrement que par leurs maîtres : François Iᵉʳ voyait en eux *des enfants de tribus qui n'ont point de parents;* Alphonse de Portugal les comparait *à des plats arrangés avec symétrie sur la table pendant la durée du festin, et confondus dans la cuisine quand on vient à laver les écuelles;* le Régent définissait le courtisan par excellence, *un homme sans honneur et sans humeur.* J.

L'italique est aussi employé fort à propos quand on veut faire distinguer au lecteur plusieurs discours rapportés concurremment : 1° dans l'extrait suivant le discours adressé individuellement à l'écrivain public est en italique et même entre parenthèses afin de le différencier de la diction de la lettre,

J'apprends, mon cher, avec autant de surprise que d'indignation, que vous vous proposez à la prochaine élection de donner votre voix à (*laissez le nom en blanc*) : je suis trop votre ami pour vous laisser ignorer qu'il parle de vos ouvrages avec le plus profond mépris;.................. on sait bien que ce candidat est du goût de (*une demi-ligne en blanc*), mais en conscience est-ce une raison pour qu'il soit du vôtre? Je ne signe pas cette lettre, mais vous seriez bien maladroit si.....   ....

2° Dans ce passage du proverbe de Carmontelle intitulé *les Voisins et les Voisines* l'italique offre les mots par lesquels M. le Creux marque alternative- ment la mesure en chantant :

Loin de nos bois,
Un, deux,
Asiles de la paix,
Un, deux, trois, quatre,
Portez vos feux,
Un, deux,
Portez vos traits,
Un, deux,
Dieux trompeurs de Cythère.
Un, deux, trois, quatre.

3° Dans le double colloque suivant, extrait des *Mœurs de l'antichambre* par M. de Jouy, l'italique est pour ainsi dire indispensable afin d'empêcher que le lec- teur ne confonde les expressions qui ont trait seu- lement au jeu des laquais avec le dialogue qui n'a de rapport qu'à la visite :

Je monte le grand escalier, et me voilà dans la pre- mière antichambre, au milieu de cinq ou six laquais dont l'un s'occupait à brosser un habit, un autre à se faire coiffer, ceux-là à nettoyer des quinquets, et ceux- ci à jouer au piquet sur le poêle; aucun d'eux ne se dérangea. « Monsieur veut-il fermer sa porte? me dit un des joueurs.—Non, je veux que vous veniez m'ou- vrir l'autre. — Que demandez-vous ?... *Trois as !*— Monsieur le comte.—Il n'est pas visible.... *Quinte à la dame !*—J'ai rendez-vous avec lui.... *Cela ne vaut pas.*—Est-ce un rendez-vous par lettre?—Ce n'est pas votre affaire, faites-moi parler à un valet-de-cham- bre. »

L'italique sert encore à différencier les questions des réponses, et *vice versâ*, dans les circulaires ou instructions ministérielles ou autres, les factums, etc., à moins qu'on n'emploie pour les unes ou les autres un caractère du même type, mais différent par la grosseur.

Les PETITES CAPITALES servent à faire ressortir des expressions contenues dans des propositions ou énonciations déjà figurées en italique, comme dans,

> (Le chevalier.) La débutante *est jolie femme; le physique* est bien, le débit juste, mais l'intention *décolorée*, le geste *inquiet*, et la parole tant soit peu *filandreuse :* somme toute, cela me paraît *frappé de médiocrité.*
>
> (La baronne.) Que voulez-vous ? c'est le *cachet* de l'époque : rien n'est bien, rien n'est mal, tout est médiocre; point de formes prononcées, *point de* GRANDIOSE *en quoi que ce soit.* J.

Elles sont aussi employées à faire remarquer des expressions auxquelles sont subordonnées d'autres expressions que l'on a des motifs de figurer en italique, comme ici :

> Pour faire un bon et bel almanach prenez dans l'ancien ALMANACH DES MUSES *l'Épître à mon ami A**,* de M. Ducis, les deux *Fables,* de M. A*, la première *Élégie,* de Mᵐᵉ Babois, *le Déguisement,* de M. Millevoye, et *le Dizain,* de M. Vigée; dans le nouvel ALMANACH DES MUSES *le Serment d'Annibal,* etc., etc. J.

La variation du caractère romain à l'italique, et la gradation de ces caractères aux petites capitales, font pressentir la gradation des petites capitales aux grandes, des grandes aux caractères d'une force supérieure, et successivement, au fur et à mesure des besoins.

SECTION XI.

Du Guillemet.

Ce signe marque exclusivement une citation plus
ou moins longue d'un discours réel ou supposé, et
conséquemment il peut être considéré comme un
auxiliaire des signes de division ; son application ne
présente pour ainsi dire pas de difficulté, au moins
dans les cas ordinaires, car il ne tient jamais lieu
d'aucun autre signe et n'est suppléé par aucun : il
ne s'agit que de l'ouvrir immédiatement avant le
premier mot d'une citation, de le continuer au commencement de chaque ligne, ou au moins de chaque
alinéa s'il y en a, et de le fermer immédiatement a-
près le dernier mot, comme ici :

Le pape Ganganelli, de glorieuse mémoire, écrivit
à une dame qui voulait faire vœu de ne porter que des
vêtements blancs : « Les âmes n'ont point de couleur ;
» portez un habillement décent, convenable à votre
» état, et faites de bonnes œuvres. » ...

On avait conseillé à l'auteur d'un nouvel ouvrage
d'en envoyer un exemplaire à chacun de ses amis : « Si
» je donne mes ouvrages à mes amis qui est-ce qui me
» les achètera ? » dit-il avec beaucoup d'ingénuité.

« Que la mort soit votre unique entretien à toute
» heure, en tout lieu, » a dit Yung ; mais « La pensée
» habituelle de la mort nous trompe, elle nous empê-
» che de vivre, » a dit à son tour Voltaire.   J.

Quand l'expression introductive (*dit-elle, répond-
il,* etc.) est insérée dans une citation même, quelques personnes ferment le guillemet avant et le rou-
vrent après cette expression ; elles font de même

pour le tiret ou moins qu'on substitue aux *dit-il, dit-elle*, ou aux noms des interlocuteurs, dans un dis-cours guillemeté : c'est une minutie que le bon goût me semble devoir proscrire, car les expressions qui annoncent les citations, les moins mis pour des in-terlocuteurs, ne sauraient être confondus avec les citations mêmes; ainsi l'on néglige de fermer et de rouvrir les guillemets dans les cas suivants :

> L'habileté du chirurgien-dentiste Lécluse l'avait placé au nombre des meilleurs praticiens, et il fut nommé chirurgien-dentiste du roi de Pologne Stanislas « le jour même,(») dit plaisamment Lécluse,(«) où sa » majesté perdit sa dernière dent. »

Émilie exigeait que je lui traduisisse les sentences latines; lorsqu'elle en vint à celle-ci,

QUÆRIS QUO JACEAS POST OBITUM LOCO ?
QUO NON NATA JACENT.

et qu'elle sut que cela signifiait, *Tu cherches où tu se-ras après ta mort? où tu étais avant de naître*, «Je ne » sens, (») me dit-elle, (») ni la justesse ni la morale » d'une pareille maxime, et surtout je ne vois pas ce » qu'elle a de commun avec cette autre d'Addison que » je lis un peu plus loin,

SI L'AME FINIT AVEC LE CORPS
D'OU LUI VIENT LE PRESSENTIMENT DE SON IMMORTALITÉ ? »
J.

Le guillemet est fermé après *immortalité* parce que l'inscription d'Addison termine le discours d'Émilie : la disposition et les caractères particuliers des ins-criptions les distinguent assez.

Comme l'on n'a pas deux signes pour marquer d'une manière distincte les citations de citations, l'on y obvie en se bornant à ouvrir et à fermer le guil-lemet à la citation principale, et en l'ouvrant, le

continuant à chaque ligne, et le fermant avant le
signe de ponctuation s'il y en a, à la citation subordonnée, comme dans cet exemple :

Une biographie moderne rapporte le fait suivant.

« A la prise de Figuières un général espagnol se dé-
fendait avec courage contre plusieurs Français, mais
il allait succomber accablé par le nombre ; apercevant
à peu de distance le général Duphot il lui crie : « Gé-
» néral, ne souffrez pas que vos soldats souillent leur
» triomphe ; faites cesser le carnage et battons-nous en-
» semble ». Duphot accepte le défi, tandis qu'un autre
officier de la même nation que son adversaire propose
au colonel depuis général Lannes, duc de Montebello,
un semblable défi, qui est également accepté : les quatre guerriers combattent avec autant d'adresse que de
courage ; pendant ce temps les deux armées restent
spectatrices immobiles ; les deux Français sont vain-
queurs, ils s'empressent de prodiguer des secours à
leurs nobles adversaires, qui, blessés à mort, trouvent
à peine assez de force pour leur dire : « Français, les
» soins que vous nous donnez sont inutiles, mais si vous
» estimez la valeur et le patriotisme promettez-nous
» que vous épargnerez les vaincus ». Duphot et Lannes,
vivement émus, leur serrent affectueusement la main
et jurent de remplir leurs désirs, ce qu'ils firent reli-
gieusement. »

C'est de la même manière qu'on ferme le guillemet quand la citation de citation forme un alinéa ;
enfin, quand la citation principale et celle qui lui
est subordonnée se terminent simultanément, on
l'indique par la répétition du guillemet séparée par
le signe de division final :

Qui croirait à la fin irréligieuse d'un philosophe célèbre, alléguée par l'extrait suivant de la notice pla-
cée en tête de ses œuvres choisies :

« On pressa Vauvenargues pendant sa dernière maladie de recevoir son curé, qui se présenta plusieurs
fois pour le voir : la porte lui fut fermée ; on parvint
cependant à introduire dans sa chambre un théologien
pieux et éclairé, que le curé avait choisi comme en
état de faire impression sur l'esprit d'*un philosophe é-
garé mais de bonne foi ;* après une courte conférence
entre le prêtre et le mourant un ami de Vauvenargues
entra dans sa chambre et lui dit : « Eh bien, vous avez
» vu le bon ecclésiastique qu'on vous a envoyé ?—Oui,

................Cet esclave est venu,
Il m'a montré son ordre et n'a rien obtenu ». »

Cette répétition du guillemet me paraît choquante ;
est-ce qu'on ne pourrait pas la supprimer en ne fermant le guillemet qu'après le signe de ponctuation,
comme le point abréviatif sert de ponctuation à la
fin d'un alinéa dont le dernier mot est abrégé, sans
que ce double rôle du point prête à la moindre erreur ?

Souvent l'on ne cite pas entièrement ni littérale-
ment un passage ; l'on n'en rapporte que les expressions qui indiquent pour ainsi dire substantiellement
l'idée ou le jugement dont on veut s'étayer ; alors le
guillemet ne s'ouvre que devant le premier mot qui
fait partie du texte de la citation, comme dans ces
exemples :

Si nous rapprochons les aveux de cet habile chimis-
te, qui ne laisse pas de convenir que « la platine ne
» peut jamais être privée de tout fer,.... qu'il n'est
» prouvé qu'elle soit homogène,.... qu'elle contient
» cinq treizièmes de fer qu'on peut retirer progressive-
» ment par des procédés très-compliqués, qu'enfin il
» faut avant de rien décider, répéter sur la platine ré-
» duite toutes les expériences qu'il a faites sur la pla-
» tine brute, » il nous paraît qu'il ne devait pas pro-

noncer contre ses propres présomptions en assurant,
comme il le fait, que la platine n'est pas un alliage,
mais un métal simple. **B.**

M. Boucher d'Argis, dans son ouvrage intitulé *de la
Bienfaisance de l'ordre judiciaire*, in-8°, 1788, insiste
sur « la nécessité d'établir des défenseurs gratuits pour
» les pauvres, et d'accorder de justes indemnités aux
» détenus dont l'innocence est ensuite reconnue par
» leur jugement même. » C'est un vœu que forment
tous les hommes qui ont le sens droit et le cœur juste,
car puisque c'est dans l'intérêt général de la société
qu'on poursuit les délits et les crimes, la société devrait être passible des réparations de dommages qu'a
causés l'erreur commise en son nom. **F.**

Quand une citation dont le premier mot commence par une voyelle est amenée dans le discours par
un mot dont la dernière lettre s'élide par la substitution de l'apostrophe, n'est-il pas plus exact d'ouvrir le guillemet après l'apostrophe, comme dans ces
cas, qu'on trouve en foule dans la dernière édition
du *Répertoire universel de Jurisprudence:*

La cour a arrêté qu'«attendu..., qu'«il serait...,
qu'«eu égard..., etc.

Du reste le guillemet me semble superflu pour
marquer toutes les citations que l'on distingue du
caractère ou de la disposition ordinaire du discours
par un caractère différent ou par une disposition
particulière, car cette distinction jointe aux expressions qui nécessairement doivent avertir qu'il y a citation, ne peut jamais laisser aucun doute à cet égard.

SECTION XII.

De l'Alinéa.

Dire que l'alinéa marque une division plus forte que le point et les autres signes de division, c'est dire que l'alinéa est un de leurs auxiliaires; je dis *les signes*, parce qu'il est fréquemment employé après chacun d'eux indistinctement, comme on le verra ci-après.

De la locution latine *ad lineam*, dont la traduction littérale est *à la ligne*, on a formé le substantif français *alinéa*, qui signifie la rentrée qu'on observe au commencement de la première ligne de chaque période, et par extension la période elle-même; ce serait donc à tort que dans les cas suivants on considérerait comme des alinéas la prose mise à la ligne sans rentrée après les vers rapportés:

Au lieu de,

Si vous donnez les prix comme vous punissez,

il fallait,

Si vous récompensez comme vous punissez;

mais le poète a voulu éviter la rime de l'hémistiche.
RL.

Dans le portrait de la femme de Dandin,

Qui eût du Buvetier emporté les serviettes
Plutôt que de rentrer au logis les mains nettes,

on eut en vue la femme du lieutenant-criminel Tardieu, si connue par son avarice sordide, sa rapacité scandaleuse, et sa fin tragique, arrivée en 1665. RL.

Lorsque Jean Racine entendait son fils réciter ce beau vers de Corneille,

Et monté sur le faîte il aspire à descendre,

remarquez bien cette expression ! lui disait-il avec enthousiasme. RL.

Voltaire a dit dans son *Œdipe*,

Une extrême justice est une extrême injure;

c'est la traduction exacte et parfaite de cet ancien ada-
ge latin reçu dans la jurisprudence, *Summum jus sum-
ma injuria*. Quelques vers plus bas on lit,

Vous êtes un tyran avant qu'*être son roi* :

la grammaire exigeait *avant que d'être*. RL.

La liaison du sens, les signes de division, l'emploi
d'une lettre ordinaire après chaque citation de vers,
tout concourt à prouver que la disposition particulière des vers seule force d'écrire à la signe la suite
du discours dont ils interrompent les lignes ; la même cause produit un effet semblable dans les exemples ci-après, avec cette différence pourtant que le
sens relatif y exige la division du point suivie d'une
lettre capitale à la seconde citation de vers de chacun
de ces deux exemples, sans néanmoins que ce point
suivi de la capitale y constitue un alinéa et exige une
rentrée :

Le cœur de M. Arnauld fut apporté à Port-Royal à
la fin de 1694. Mon père crut qu'à cette cérémonie,
où quelques parents invités ne vinrent pas, il pouvait
d'autant moins se dispenser d'assister que la mère Racine y assistait en qualité d'abbesse : il y alla donc, et
composa deux petites pièces de vers, l'une qui commence ainsi,

Sublime en ses écrits, etc.,

et qui se trouve dans la dernière édition de ses œuvres ; l'autre qui dans le Nécrologe de Port-Royal est

attribuée par erreur à M. l'abbé Régnier, et dont voici les deux premiers vers,

> Haï des uns, chéri des autres,
> Estimé de tout l'univers, *etc.*

Tout le monde sait les beaux vers que fit Santeuil sur ce cœur rapporté à Port-Royal,

> *Ad sanctas rediit sedes, ejcotus et exul,* etc.,

et l'épitaphe faite depuis par Boileau,

> Au pied de cet autel de structure grossière, *eto.* RL.

Un léger bruit que je crus entendre assez près de moi attira mon attention ; je m'avançai doucement, et je vis avec une émotion que je ne puis décrire une jeune femme prosternée sur une tombe qu'elle couvrait de baisers, et contre laquelle venaient expirer ses sanglots ; j'avais peine à retenir les miens ; elle m'aperçut, et s'éloigna lentement en baissant son voile ; je ne respectai point le secret de sa douleur : j'entrai dans l'étroite enceinte qu'elle quittait, et je lus sur la pierre encore humide de ses larmes,

> Aglaé Déniot, morte à l'âge de douze ans,
> le 27 août 1808.

et au-dessous,

> Repose en paix, aimable et douce fille,
> Et l'amour et l'espoir de ta triste famille;
> A peine tu vécus, hélas! quelques printemps:
> Dans nos cœurs désolés tu vivras plus long-temps.

Excellente et malheureuse mère !... J.

Mais l'alinéa est indiqué par le défaut de relation dans le sens, par le point, la rentrée, et une capitale, après les deux premiers vers cités dans cet exemple :

> Ce passage du panégyrique de Trajan par Pline, *Insulas quas modo Senatorum, jam delatorum turba compleverat,* etc., a fourni ces deux beaux vers,

> Les déserts autrefois peuplés de sénateurs

Ne sont plus babités que par leurs délateurs.

M. de Fontenelle, dans la Vie de Corneille, son on-
cle, nous dit que *Bérénice* fut un duel; en effet, ce
vers de Virgile,

Infelix puer atque impar congressus Achilli,

fut appliqué alors par quelques personnes au jeune
combattant, à qui cependant la victoire demeura. RL.

L'alinéa est aussi marqué logiquement et grammaticalement dans cette lettre de J. J. Rousseau en réponse au grand Frédéric:

Sire, vous êtes mon protecteur, mon bienfaiteur,
et je porte un cœur fait pour la reconnaissance; je
veux m'acquitter envers vous si je puis.

Voulez-vous me donner du pain? n'y a-t-il aucun
de vos sujets qui en manque?

Otez de devant mes yeux cette épée qui m'éblouit
et me blesse; elle n'a que trop bien fait son service, et
le sceptre est abandonné..... Puissé-je voir Frédéric
le juste et le redouté couvrir enfin ses états d'un peuple nombreux dont il soit le père! et J. J. Rousseau,
l'ennemi des rois, ira mourir de joie au pied de son
trône.

(Voyez dans le *Télémaque* stéréotype, t. I, l. v,
p. 86 à 91, des alinéas très-bien nuancés dans la
narration des trois questions proposées par les sages
de Crète, et des diverses réponses qui les suivent.
La première et la seconde question offrent chacune
un alinéa avec les réponses autres que celles du fils
d'Ulysse, et les réponses de celui-ci sont isolées chaque fois par un autre alinéa; mais la troisième question est divisée en deux parties qui exigent de la part
de Télémaque de grands développements: la première, le roi conquérant, est exposée dans un seul
alinéa; la seconde, le roi pacifique, est développée
dans deux autres alinéas; un quatrième est consacré

à la conclusion ou réponse propre; enfin un cinquième contient la remarque d'avis contraires et la dé-
claration que le fils d'Ulysse a parlé comme Minos.
La première et la seconde question avec leurs réponses offrent donc en tout quatre alinéas, tandis que la
seule troisième question avec ses réponses en présente six.)

J'ai dit que l'alinéa pouvait être marqué après
chaque signe de ponctuation indistinctement, mais
c'est seulement lorsque voulant rendre plus sensibles les divers membres d'une période, des parties
énumérées, etc., on les écrit tous à la ligne avec u-
ne rentrée, comme dans ce passage extrait de l'*In-
dustrie française* par M. de Jouy, 1819 :

> Parmi les échantillons de laine mérinos on a remar-
> qué ceux qui proviennent des troupeaux de M. de Po-
> lignac, et l'on a vu avec plaisir le nom de M. le géné-
> ral Beurnonville inscrit sur le chef d'une pièce de très-
> beau drap de Louviers, fabriquée avec la laine de ses
> troupeaux.
>
> On peut suivre dans cette salle la marche entière de
> la fabrication :
>
> M. *Maurel*, de Limbrussac (Arriège), présente la
> laine en suint,
>
> M. *Leguoy*, de Tours, l'offre lavée,
>
> MM. *Matthieu Roman* et *Alafort*, de Limoges, la
> montrent peignée.

Les deux premiers alinéas (*Parmi les*....., *On
peut*.....) sont les seuls indiqués par la logique; les
suivants sont observés dans la seule intention de
faire ressortir les noms des fabricants et l'objet de
leur exposition. Remarquons que la forme de l'alinéa adoptée pour l'énonciation de chaque fabricant
a permis de faire usage de la virgule finale, tandis
que si leur énumération eût été présentée sous la

forme d'un alinéa unique la clarté eût exigé le point-
virgule pour la division de l'énumération.

Dans la poésie l'alinéa se marque de plusieurs manières : DANS LES VERS DE MESURE RÉGULIÈRE on l'indique soit par une simple rentrée :

> Ah! s'il est un barbare, un cœur dur et farouche,
> Qu'irritent les neuf sœurs et que nul art ne touche,
> Ce tigre, que nos chants n'apprivoisent jamais,
> Porte en son cœur d'airain le germe des forfaits.
> . . . .
> O vous monts radieux, mes guides, mes flambeaux,
> Je vous suis en rival, j'embrasse vos tombeaux;
> Je jure sur votre urne et j'atteste vos mânes
> De ne jamais ramper sous des destins profanes.   **La.**

soit par une simple ligne de blanc :

> Venez donc, et surtout gardez bien d'ennuyer :
> Vous savez des grands vers les disgrâces tragiques,
> Et souvent on ennuie en termes magnifiques.
>
> Au pied du mont Adule, entre mille roseaux,
> Le Rhin tranquille, et fier du progrès de ses eaux,
> Appuyé d'une main sur son urne penchante,
> Dormait au bruit flatteur de son onde naissante....   **Bt.**

soit par une ligne de blanc et une rentrée :

> Ombres qui voltigez autour des arbrisseaux,
> O grottes! ô forêts! ô fraîcheur des ruisseaux!
> Riantes voluptés, délices des campagnes,
> Des muses, des amants, vous êtes les compagnes.
>
> A l'aspect des hameaux tous les cœurs excités
> S'envolent des palais, s'échappent des cités.   **La.**

quelquefois même la plupart des alinéas sont marqués seulement par une rentrée, et on laisse après
quelques-uns d'entre eux une ligne de blanc pour indiquer une coupure plus forte que celle de l'alinéa;
mais DANS LES VERS IRRÉGULIERS on ne peut le marquer que par une ligne de blanc, les rentrées étant

18

exclusivement destinées à désigner l'inégalité de la
mesure :

> Ne songeons, ont-ils dit, quelque prix qu'il en coûte,
>   Qu'à nous ménager d'heureux jours:
>   Du haut de la céleste voûte
>   Dieu n'entendra pas nos discours;
> Nos offenses par lui ne seront point punies,
> Il ne les verra point; et de nos tyrannies
>   Il n'arrêtera point le cours.
>
> Quel charme vous séduit, quel démon vous conseille,
>   Hommes imbéciles et fous?
>   Celui qui forma votre oreille
>   Sera sans oreille pour vous!
> Celui qui fit vos yeux ne verra point vos crimes!
> Et celui qui punit les rois les plus sublimes
>   Pour vous seuls retiendra ses coups!   RP.

Remarquons cependant que dans les odes, les pièces de vers divisées par des couplets, souvent la ligne de blanc marque simplement l'intervalle de deux
strophes, chaque strophe ne formant pas toujours un
alinéa logique.

La ligne de blanc s'observe aussi dans la prose
quand on veut y marquer une coupure ou une section
quelconque plus forte que l'alinéa, qu'aucun titre
n'indique et que la simple rentrée de l'alinéa ne ferait point remarquer; et des blancs progressivement
plus forts accompagnent les sous-titres, titres, que
leur valeur relative a soumis à la gradation des caractères.

Enfin un alinéa qui commence par quelque citation de vers est marqué tout simplement par la rentrée qui est relative à la poésie par rapport à la prose, car le discours qui s'y rattache commence bien
à la ligne, mais sans rentrée :

> Inspire-moi, Muse légère;
> Soutiens ma voix, Muse des chants sacrés;
> Guide ma plume, ô Muse de l'histoire! etc., etc.,

ainsi commencent à peu près toutes les invocations

des écrivains anciens et modernes; chacun d'eux appelle à son aide une des neuf sœurs, et rarement ces vierges de l'Hélicon consentent-elles à se rendre à tant de vœux indiscrets. ....

Nous avons vu que l'alinéa recevait un plus grand degré de force par l'observation de la ligne de blanc; voici des signes qui ajoutent aussi matériellement à la valeur de l'alinéa.

Le *moins* (—) marque chaque changement de *fait* dans les ouvrages semi-périodiques et les feuilles quotidiennes; quelquefois le signe *égal à* =, ou l'un de ces signes, .·., ˙*˙, est substitué au moins, ou bien celui-ci sert à marquer les articles *Paris* et *étranger,* et ceux-là marquent soit les articles *théâtres,* soit les articles *tribunaux.*

Le paragraphe (§), qu'avec l'addition de chiffres romains ou arabes l'on rend numérique, s'adapte surtout aux sommaires, ou s'emploie seul avec un numéro pour marquer une division ou une subdivision.

La *main* (☞) ou *index* désigne chaque nouvel avis ou article dans une feuille d'annonces, et l'on s'en sert aussi quelquefois dans d'autres ouvrages pour marquer un avis particulier au lecteur, un *nota bene* (N. B.), comme, par exemple, lorsque au commencement d'une table l'on explique par un court avertissement la valeur des abréviations que cette table contient, etc.

La *croix* (†), le *pied-de-mouche* (¶), peu en usage aujourd'hui, servent aussi à marquer des alinéas contenant un avis particulier au lecteur; ils servent aussi à alterner les signes de renvoi des notes marginales et du bas des pages; on y a encore recours aujourd'hui, surtout à la croix, pour alterner les divers signes des nombreuses subdivisions des flores des faunes, etc.

Le *verset* (℣) désigne les paroles de l'office divin tirées de l'Écriture, et le *répons* (℟) marque la réponse à ces paroles.

L'*étoile* ou *astérisque* (*) sert de renvoi de note; les notes ont aussi pour signes correspondants des *lettrines* entre parenthèses, comme (A), (B), (C), (a), (b), (a), (b), ou des chiffres, (1), (2), (3), etc., ou enfin des lettrines ou chiffres *supérieurs* avec ou sans parenthèses, (1), (2), 1), 2), 1, 2, (a), (b), (a), (b), a), b), *, etc. : on sent qu'il est raisonnable de préférer les signes les plus saillants pour les notes renvoyées à la fin des chapitres, livres, parties, ou volumes, et de faire usage des signes les moins apparents pour indiquer les notes marginales et celles du bas des pages, qui sont sous les yeux du lecteur; néanmoins l'étoile ne convient que quand ces notes sont peu nombreuses, car au-delà de deux par page ce signe immédiatement répété occasione un défaut d'alignement perpendiculaire choquant lorsque chaque note ne produit qu'une ligne, et ce même signe répété plus de deux fois occupe ridiculement un trop grand espace quand chacune des notes fait plusie...

FIN.

ERRATA.

CPSIA information can be obtained at www.ICGtesting.com
Printed in the USA
LVOW072155070512

280707LV00009B/8/P